但丁传

李慧君◎著

时代文艺出版社

图书在版编目（CIP）数据

但丁传 / 李慧君著 . ——长春：时代文艺出版社，2015.12（2023.7重印）
（世界文学大师传记丛书）
ISBN 978-7-5387-4869-7

Ⅰ. ①但… Ⅱ. ①李… Ⅲ. ①但丁，A.（1265~1321）－传记 Ⅳ. ①K835.465.6

中国版本图书馆CIP数据核字（2015）第210536号

出品人　陈琛
责任编辑　孟宇婷
装帧设计　孙利
排版制作　隋淑凤

本书著作权、版式和装帧设计受国际版权公约和中华人民共和国著作权法保护
本书所有文字、图片和示意图等专有使用权为时代文艺出版社所有
未事先获得时代文艺出版社许可
本书的任何部分不得以图表、电子、影印、缩拍、录音和其他任何手段
进行复制和转载，违者必究

但丁传

李慧君　著

出版发行 / 时代文艺出版社
地址 / 长春市福祉大路5788号　龙腾国际大厦A座15层　邮编 / 130118
总编办 / 0431-81629751　发行部 / 0431-81629755
官方微博 / weibo.com / tlapress　天猫旗舰店 / sdwycbsgf.tmall.com
印刷 / 北京市一鑫印务有限公司
开本 / 710mm×1000mm　1 / 16　字数 / 167千字　印张 / 12
版次 / 2015年12月第1版　印次 / 2023年7月第3次印刷　定价 / 36.00元

图书如有印装错误　请寄回印厂调换

目录 Contents

序言　走自己的路，让别人说去 / 001

第一章　家世童年
    1．月桂女神托梦 / 002
    2．斗室中的幻想 / 005
    3．时代恩典 / 008
    4．寒窗十载 / 012

第二章　爱与恨
    1．丘比特之箭 / 020
    2．一个骑士的信 / 024
    3．人在波洛尼亚大学 / 028
    4．诗战硝烟 / 032

第三章　政坛风云
    1．基诺·贝拉 / 038
    2．灵魂的较量 / 042
    3．问鼎政坛 / 046
    4．初次打击 / 050

第四章　放逐
    1．阴谋与爱情 / 056
    2．佛罗伦萨恶霸 / 060
    3．谈判之路 / 064
    4．教皇之锤 / 068

第五章　希望与绝望
    1．罪上加罪 / 074
    2．"拿起手中的武器！" / 078
    3．出使勿罗拉 / 082

4．大决战 / 086

第六章　追寻
1．让爱取代暴力 / 092
2．与过去告别 / 096
3．勿罗拉的第二次拯救 / 100
4．诗心所向 / 104

第七章　诗意栖居
1．马格拉河的礼遇 / 110
2．城堡里的眼泪 / 114
3．《神曲》功成 / 118
4．中年之恋 / 122

第八章　虚幻之影
1．日耳曼橄榄枝 / 128
2．好事多磨 / 132
3．两张王牌 / 136
4．处死令 / 140

第九章　悲喜拉文纳
1．拉文纳初印象 / 146
2．静观世事 / 150
3．上帝与凯撒 / 154
4．拒绝回乡 / 158

第十章　晚年生活
1．天伦之乐 / 164
2．好友叙旧 / 168
3．威尼斯之行 / 173
4．溘然长逝 / 177

附　录
但丁生平 / 182
但丁年表 / 184

序言

走自己的路，让别人说去

但丁说："人不能像走兽那样活着，应该追求知识和美德"。

但丁实在不能够仅仅算是一个诗人，更是一位哲学家。他的诗就是一种特殊的哲学表达形式。在他的作品中，我们可以读出对于人类本性的追问，可以读出关于美德的思考，也可以挖掘出对人生意义的探讨。阅读但丁，成了一种审美与思想的盛宴。

但丁思想的核心，就是深刻的忏悔意识。在《神曲》中，但丁把人类的罪过分成三类，一是犯罪，二是道德上的缺陷，三是因欲望而起的种种贪念。他借着对地狱的可怕描写，劝解和惊醒人们，每一个人都是有原罪的，在上帝的面前没有一个人是完满的，因此，要学会谦卑，要懂得反思自己的行为，并借此而忏悔自己。

一个浅薄的人在获得了一些成就之后总是容易

傲慢起来，以为可以凌驾于普通的人，孤芳自赏。然而，对于一个真正的思想家，他永远知道自己的局限性，并且把追求无限的真理与美德作为自己毕生的事业。但丁用自己的鹅毛笔，为我们留下了任何人见到都会肃然起敬的典范。

但丁是一位身体力行的人，他从来不认为自己只是一个躲在书斋里明哲保身的人。他把自己投身于时代的洪流之中，亲身去完成自己的理想。面对政坛的复杂险恶，但丁也曾彷徨过，只是他一定知道，这正是对于自己的最大的考验，而任何的磨难将会成为自己人生的财富，并且让自己能够更加深刻地感悟人世。

但凡伟大的人都是容易被人误解的。因为他们的思想太深邃，普通的人难以企及他们的高度。这大概就是为什么天才的命运往往是坎坷的。当面对世人的攻击，当处于无助之境，但丁提醒自己说："走自己的路，让别人说去吧！"这是多么豁达的胸襟！只有对自己的信念坚定不移的人才能够发此豪言。

我们纵观但丁的一生，是不断地追求知识的一生，是不竭地忏悔自己罪过，以追求至善的一生。但丁的生命可能并不是最为辉煌的，但是当我们翻开他的作品，我们就会知道，我们面对的是怎样一位磊落和真诚的灵魂。

不仅如此，但丁被他所处的特殊的时代赋予了更多的意义。在中世纪，每一个人都是仰望着上帝的。在这种仰望之中，人们的确在战乱中获得了安慰和希望，但是也往往失去了自我。人们忘记了自己是人，是一个有着各种需求的人。

但丁意识到了这一点。但丁觉得我们应该凭借着上帝的力量而不断地追求理性的人生，让自己的知识更加丰富，让自己的道德更加完满。但是与此同时，我们也不应该全然否定了人之所以为人的各种感性欲望。

人是一个综合个体。因为拥有理性，我们能够思考，能够信仰；因为拥有感性，我们能够感受，能够爱。但丁觉得人应该像走平衡木一般在两者之间保持重心。一个只有理性的人，必然患上强迫症，而一个只有感性冲动的人，就与动物没有了差别。

但丁正是这样做的。他勇敢地追求爱情，并且写下了一首首催人泪下的诗歌。他的《新生》让我们感受到他对于自己初恋情人的刻骨铭心的爱恋，他的《抒情诗》，也让我们看到一颗敢爱敢恨的心。

他也享受着荣誉给自己带来的满足，为了自己的政治理想而发愤。当他站在执政官的位置上，也为自己的地位而自豪。

只是，但丁也时刻地知道如何用理性限制自己永不知足的欲望。他虽然迷恋爱情，但是当比亚翠丝去世之后，他用哲学来为自己疗伤；当他被自己的反对派放逐之后，把大部分的精力转移到了自己的创作之中。

但丁的人生并不是一个完美的过程。他早年的时候生活在冰冷的家庭，父亲不理解他，母亲又过早地去世，自己的政治生涯又是昙花一现，很快地结束；大部分的时间都是在流浪之中度过，辗转于各个地方。到人生的最后，只能够在异国他乡死去。

对于善良的人而言，也许会哀叹但丁生不逢时，抱怨命运对于但丁的不公，但是我们依然很难想象，一个没有经受任何的磨难，没有亲身面对各种身患必死罪孽的人的但丁，能够为我们留下《神曲》这样超越任何的时代与阶级的伟大著作。

第一章　家世童年

1. 月桂女神托梦

> 我是被一个沉重的雷声惊醒的，睁开迷蒙的睡眼，发现烟雾弥漫。
>
> ——《神曲》地狱篇

公元八世纪或者九世纪的一天——让我们指责中世纪的史学家的懒惰吧，疏忽了一个重要的日子——佛罗伦萨的城门口出现了一位英俊的年轻人，他由统治着欧洲大部分土地的查理曼大帝授权，将重新分配佛罗伦萨的房屋、道路，并且颁布城邦的新的法律，担任佛罗伦萨城邦的执政官，人们亲昵地称呼他为伊拉奥。

伊拉奥充满智慧，才干非凡，他受到了人们的普遍拥戴。在他的统治期间，佛罗伦萨获得了巨大的发展，逐渐成为意大利工商业中心之一。伊拉奥很善于协调各种政治力量，通过他的努力，各个派别停止了流血斗争，人们不再担心战争的危害。居住在佛罗伦萨的人们都感激伊拉奥的伟大贡献，在平日的闲谈中都要称赞一番。

当伊拉奥任期结束，将要回归罗马的家乡，佛罗伦萨城邦的人苦苦哀求，要他留下。最终，伊拉奥被人们的诚心感动，再也没有离开佛罗伦萨。于是，在佛罗伦萨城邦，多了一个显赫的家族。以后我们会知道，这个家族让意大利的文学在世界每一个角落传诵。

历史的车轮滚滚向前，伊拉奥的后人继承了先人的高贵血统，把自己的教名叫作伊拉斯，并用自己的贡献与品德向世人证明着自己家族的不同身份。在这其中，有一个人尤其值得提及，这就是名叫卡恰圭地的骑士。这位骑士骁勇善战，奋勇杀敌。据说在他少年的时候就已经威名远扬，当地年轻貌美的女子都渴望成为他的妻子，甚至有一个女子当众宣布此生非卡恰圭地骑士不嫁。

卡恰圭地骑士最终选择了一位叫作阿蒂吉耶里的处女作为自己的新娘，她温柔贤惠，而且聪颖过人，是丈夫的贤内助。卡恰圭地的骑士非常满意自己的婚姻，感觉阿蒂吉耶里就是上帝赐予的礼物。阿蒂吉耶里生了好几个孩子，其中有一个男孩儿尤其受到她的溺爱，于是她就让这个孩子继承了自己的姓氏。这是当时的一种风俗，母亲有权利让自己喜欢的孩子跟从自己家族的姓氏，丈夫在这件事情上也不能够过多地干涉。

小阿蒂吉耶里果然不负众望，少年的时候就跟从父亲骑马射箭，穿着骑士装束打抱不平。以至于在长大之后，他的名声远远高过了父亲。只要他走在街头，深闺中的贵妇人都探出头来悄悄观看他英姿飒爽的样子。每当他得胜归来，城邦中的人都站在大道上欢迎他，口中一齐呼喊："阿蒂吉耶里！阿蒂吉耶里！"

由于阿蒂吉耶里在家族中的声望越来越高，当他过世之后，他的后代一致认为应该把自己的姓氏改成阿蒂吉耶里，放弃"伊拉斯"的称呼。这样，阿蒂吉耶里就一直沿用到今天。只是在沿用的过程之中，姓氏中的字母"d"失去了，变成阿利吉耶里。

阿蒂吉耶里家族在时代的变换之中始终保持着活力，到了十三世纪，又一个阿蒂吉耶里从襁褓中诞生。他是一个唯利是图的高利贷者，天生有做生意的才能。还在小的时候，他最喜欢去的地方就是热闹的集市，耳濡目染了各种做生意的技能。等他长到20岁，开了一家杂货铺，很快就积攒了一大批的钱财。

阿蒂吉耶里并不因此而满足，他开始想着如何赚取更多的钱，很快地，他瞄准了高利贷行业。在当时，放高利贷的利润是相当惊人的，阿蒂吉耶里凭着积攒起来的财富开始经营高利贷。

或许是家族的血脉始终在继承之中，上天总是眷顾伊拉奥以来的这个家族的，哪怕他们的行为并不是为穷人谋出路，为社会谋幸福。我们不得不佩服阿蒂吉耶里"卓越"的生意经，很快，他又风生水起，在当地几乎成了首屈一指的高利贷王。然而，我们可以想见，他的高利贷实际上就是一种盘剥，很多的人走投无路不得不向他借贷,而阿蒂吉耶里从来就不讲情面,他的眼中只有钱币。

阿蒂吉耶里是一位不折不扣的见钱眼开的人,金钱就是他的生命。除了赚了不少钱以外,他没有什么值得历史记述的,但是他却幸运地因为自己的儿子而被写进历史。

阿蒂吉耶里有一个妻子,妻子出身高贵,是一位贤淑的女子,懂得操持家务,知道如何维持家庭的和睦,待人友善,热心助人,对于金钱丝毫没有迷恋,时常施舍钱币给穷苦的邻居。她简直是丈夫的反面,人们背地里都议论这两个人如何能够走到一起。

阿蒂吉耶里在结婚几年之后,妻子终于有了身孕。妻子怀胎将近十个月,腹中的孩子就要出生。一天晚上,她睡得昏昏沉沉,开始做一个奇怪的梦。在梦中,她来到一条蜿蜒小河边,河水清澈见底,鱼儿畅游。在河边长着一棵很大的月桂树,枝叶繁茂,遮天蔽日。周围都是绿油油的草坪,生机勃勃。

她觉得这就像是仙境一般,突然自己腹中的孩子自己爬出来了,他摇摇晃晃地走到小河边,捧起水就喝了一大口,然后又捡起月桂树上掉下来的果子吃了。就在他吃完果子的时候,小男孩变成了一位高大的牧羊人。

牧羊人朝她笑笑,跳起来想摘取月桂树上的叶子,但是他刚刚起跳就摔倒了。这一摔似乎摔得很重,牧羊人艰难地爬起来。就在这时,牧羊人摇身又变成了一只拖着漂亮尾巴的孔雀。

正当孔雀开屏向前走来时,妻子从睡梦中醒来了。她回忆起梦中的场景,就像是真实发生的一般,那草地,那河水,还有那棵月桂树,是那么的真切。她坚信这个梦不同一般,一定与自己的孩子有着很大的关联。莫非,自己的孩子将来是一位非同小可的人物?

她后来把这个梦告诉家人,家人都觉得这个梦非同寻常,但是丈夫却抱怨为什么没有梦见与钱相关的东西。妻子全然不顾丈夫,与自己的哥哥商议,决定把腹中的孩子叫作Daphne,即但丁。但丁这个名字意指一位女神化为一棵月桂树的故事,而月桂树经常被编织成桂冠,用来加冕成就杰出的诗人。纵观但丁的成就,我们不能不感叹但丁这个名字犹如神赐。

不久，但丁顺利地从母亲的腹中诞生出来，他的第一声啼哭让母亲欣喜万分，母亲连声说道："我的孩子，你知道吗，妈给你取了一个名字，叫作但丁，不知道你喜不喜欢呢？它带着母亲对你的希望，希望你能够成为一位真正的大诗人。你是否就是未来的大诗人呢？"小但丁听母亲说到这里，似乎听懂了母亲所说的话，向着母亲微微笑着。母亲看到但丁的反应更是喜不自胜，坚信这是上帝的恩赐，连连闭上眼睛祷告。

这一年，是公元1265年。

2. 斗室中的幻想

我们唯一的悲哀是生活于愿望之中而没有希望。

——《神曲》炼狱篇

天才往往出自并不美满的家庭，但丁也不例外。

但丁的母亲大概是因为那个奇异的梦，所以对于这个孩子格外疼爱。她不允许但丁受到任何的委屈，更舍不得打他骂他。有那么一次，但丁受到小伙伴的怂恿，偷了家里的钱。当母亲得知后，坚信是但丁的伙伴们的错，而但丁是这个事件的受害者。但丁知道母亲疼他，于是格外喜欢母亲。

正当但丁认为自己有了一个坚强的庇护所的时候，但丁的母亲突然患上了不治之症，不久就离开了人世。这对于但丁是一次不小的打击。但丁失去了世上最爱他的人，怎么会不悲伤痛苦呢？他一想到与母亲在一起的日子就痛哭流涕。

但丁很少提及自己的父亲，尤其是在他的作品中，我们几乎看不到关于他父亲的记述。但丁对于父亲一直怀着冷漠的态度。但丁的父亲作为高利贷者，整天在商铺与别人谈生意。小但丁坐在柜台里面看着父亲与顾客争论时的唇枪舌剑，近乎本能地感到厌恶。他实在不喜欢与人这样斤斤计较。但丁觉得人与人之间何苦这样相争呢？但是人的一生应该怎样过？这个问题对于一个十几岁的孩子而言，显然是过于空泛的。

但丁的父亲曾经一心想把但丁培养成自己的继承者，他一有时间就向但丁传授自己在放高利贷中积累下来的毕生经验。小但丁并不听从父亲的安排，每次听取父亲的教导时都显出满不在乎的样子。父亲很恼火，觉得这个儿子太不听话，干脆就放弃了对于他的监督，随便他自由发展了。这对于但丁而言或许是幸运的，虽然没有家庭的温暖，但是毕竟家庭没有给他造成过多的束缚。

但丁的父亲在妻子死后又娶了一个妻子，她自然成了但丁的后母。或许天下的后母对于非自己亲生的孩子都有莫大的敌意吧，后母时常让但丁做家务，拖地，洗碗，修剪后院的树枝等。

后母对但丁要求非常严酷，几个兄弟姐妹一旦有什么争论，后母便不问缘由地拿起小皮鞭朝着小但丁的屁股上打。但丁性格倔强，忍住不哭，只是默默地承受，这让后母更加生气，打得更狠。但丁在这种无情的鞭打下坚强地成长。

大概是后母故意的折磨，但丁没有任何的权力住大房间，只能住进一间放杂货的小房间里。小房间条件恶劣，由于常年堆放杂物，有一股难闻的气味，一到夏天，闷热得叫人无法忍受；而在冬天，寒风从通风口长驱直入。

小房间只够放一张床，再没有空余的地方放桌子或者椅子了。但丁一开始对后母怀着深深的仇恨，但是到后来他逐渐明白，仇恨是对于自己的最大伤害，自己应该学会怎样忍受。他从很小就知道如何克制自己。

但丁在家庭中就明白了，世上有各种各样的人，善恶相杂，有些人只求个人利益，哪怕以别人的一生幸福为代价；而有些人一生行善，看到陌生的人受苦也心生悲悯。但丁相信善良的人和邪恶的人一定会有不同的去处的。即使是在现世邪恶的人总是作威作福，欺压他人，而善良的人反而被人欺负，或者终身穷困，但是当他们死去的时候，前者将会下地狱，而后者将会升入迷人的天堂。

小但丁在狭小的房间里，有时候整日整夜地躺在床上，大睁着眼，沉浸在自己的世界里。小房间成了他幻想的小天地。他想象着自己阅读了所有希腊与罗马的美妙诗篇，与荷马对话，与维吉尔同坐一室；他也想象着自己来到黑暗可怕的地狱，看到在里面受煎熬的人；想象着进入天堂，享受天堂的荣光……

但丁在成长的过程中，逐渐养成了沉思而忧郁的性格。他很少笑，也不太愿意与人谈天说地。但是只要话题转移到文学或者政治，他就开始口若悬河，滔滔不绝，使得周围的人只能够洗耳恭听，再没有插嘴的机会。

但丁偶尔也会随着家人去参加一些聚会——即使这种机会是少之又少的——他总是穿得整整齐齐，在众多的大人物面前也显得不卑不亢，冷静得就像是一位谙熟世事的智者。每一个见过但丁的人都对他赞赏有加，认为这个人学富五车，是少年英才，前途不可限量。但丁的父亲和后母却不以为然，只不过觉得自己不起眼的儿子嘴皮子有些能耐而已。

或许是家庭生活的影响，但丁从小就养成了节俭的习惯。他从不乱花钱——事实上他也没有多少钱可以自由支配，总是把自己的衣服缝补好几次。在饮食方面，但丁从不挑剔，即使是在以后声名远播，也并不让胃的贪欲过于膨胀。相反，他还经常指责那些酒肉之徒，嘲讽他们是行尸走肉，只为了自己的一张嘴而活着，而不是为了好好活着才吃饭。

但丁还喜欢音乐和歌曲。有时候在小房间里闷得慌了，就悄悄地跑出去，到附近的集市上去听卖艺者表演。但丁也趁此机会把心中的委屈与愤懑发泄一通。在表演完毕，但丁总要走上舞台与表演者攀谈，与他们成为朋友。

但丁唯一在家里感到亲切的就是他的姐姐。但丁的姐姐继承了母亲几乎所有的美德，品德高尚，智慧过人，她一直试图协调家庭中出现的裂隙。她发现但丁是一位很有天赋的孩子，相信只要得到合适的引导，必定能够有所成就。她在生活中对但丁给予各种照顾，帮助但丁打扫院子，在餐桌上有意把好吃的饭菜放到但丁的面前。每当这时，但丁总是在心里产生一种奇妙的感动。

在冰冷的家庭中，但丁找到了一样东西可以填补所有的不幸，那就是文学。

3. 时代恩典

> 人类作为一个整体而言，他的本分工作是不断行使其智力发展的全部能力。
> ——《王国论》

每个人都是时代的产儿，在不知不觉之中接受着社会环境的影响，但丁也不例外。但丁是幸运的，他生活在一个伟大的历史时期，那个时候人们有崇高的理想并为之献身，每个人都是有目的地活着，强烈地感受到活着的意义，因此，即使是处在生活异常艰苦的环境下，人们都不会感到绝望。

但丁从小生活在没有太多的温暖的家庭里，并没有接受过系统的教育，但丁的知识大部分都是靠着自学得来，是生活教会了他智慧地活着。

那个时候，处在中世纪的末期。在过去的一千多年之间，宗教成了世俗之间最大的权威，没有任何人——包括国王，能够超越宗教。教会是上帝旨意的传达者，教皇直接掌管着教会的所有的事务，也就对世俗之间的各种事情有着绝对的权威。甚至在很多的时候，教皇能够直接任免国王。

由于教会有着很高的权力，谁都惧怕教会的人员。据说有一次，罗马的一位皇帝，由于没有遵从教会的话语，最后主教非常生气，认为他有损教会的权威，于是，就发布命令，要求皇帝亲自到教堂前谢罪，否则就要免掉他的职位。皇帝一听，实在没有其他的办法，只能按着教皇的要求，到教堂门口。但是教堂的门却关着。他知道这是教皇故意来试探他的，他只好站在门外等候教皇的传见。

当时正是寒冬时节，天气非常寒冷，不一会儿就下起了大雪。皇帝的身上很快就有了厚厚的雪，但是教皇还是没有打开门。又等了一个多钟头，教皇觉得惩罚已经差不多了，才最终打来了门，让皇帝进来。而当时，皇帝已经冻得几乎不能够说话，后来整整病了三个月。

由于《圣经》是上帝的话语，所以只有神职人员有直接阅读的权力，普通人只能够通过教会的讲道去聆听上帝的声音。这样，就存在这样一种可能性，教会一旦被居心不良的人掌握，那么就很可能会随意地解释《圣经》。事实上，中世纪的时候的确出现了这样的一种情况。

教会掌握着至高无上的权力，整个欧洲大陆都宗教化了，到处都可以看到宗教的影子，人们的日常生活都离不开教会。这并不存在什么问题，最大的危险存在于教会宣扬的禁欲主义的理念。

教会利用圣经的话语，认为人们的生活应该尽量地理性，克制自己内心的各种欲望，我们应该尽可能过上神性的生活，以求得来世能够进入天堂。如果一个人不听从上帝的旨意，肆意地放纵自己的私欲，那么在生命结束之后，就很可能下地狱。

在这种思想的灌输下，人们的日常生活变得非常克制，人们不能够过分地追求爱情，不能够过分地追求金钱，更不能够过多地把自己放纵在娱乐场所之中。现在我们知道，欲望是人类的本性，正是因为有了各种欲望，人才成其为人。因此，中世纪过分压抑人的本性，使得人们阳奉阴违，表面上是正人君子，但是背地里却干一些见不得人的事情。

幸运的是，但丁生活的时代已经接近中世纪尾声，人们开始谈论解放人性。但丁自己也深刻地意识到教会宣扬的禁欲主义对于人类的危害。他知道，自己经常去的教会，就有种种的腐败的现象，并不像表面上看到的那么圣洁。而自己周围的人，更是经常在背地里去寻欢作乐，而在白天，却又恢复到圣洁的状态。他非常厌恶周围的每一个人都戴着假面具，他觉得自己应该找到真实的自己，而且，他坚信，全知全能全善的上帝是根本不会阻止人们发展自己健全的人性的。

但丁从小就试图摆脱教会的束缚。对于比亚翠丝的热烈追求，就是身体力行地要与教会的宣传对抗。同时，但丁在创作诗歌的时候很早就立志要写一篇关于教会丑恶的篇章，并且指示人们正确的上帝的道路。后来，但丁就是依据这种思想，创作了最著名的诗篇《神曲》。

但丁是教会的反对者，但是他并不是反对全部的宗教的，他自己就是一个虔诚的基督教徒。但丁只是不满于当时的教会的口是心非的做派。他要求应该严格限制教会人士的权力，至少应该建立一种制度能够有效地限制教会的人滥用他们的职权。这种思想在当时的情况下是非常难得的，但丁最后也把这种愿望写进了自己的书中。

佛罗伦萨是意大利重要的一座城市，它很早就发展起来。到了但丁生活的时期，佛罗伦萨已经相当繁荣，尤其是商业尤其发达。整个佛罗伦萨到处可以看到各种各样的商贩，一旦到了赶集日，街头人山人海，经常挤得水泄不通。由于佛罗伦萨临近海滨，海上贸易也发展迅速，在海边的码头，停泊着来自世界各地的船只。

商业的发达带给了城市开放、热爱自由和勇于探索的秉性。但丁从小就喜欢到海边去感受大海的壮阔，并且喜欢与水手攀谈。但丁逐渐觉得，人生的自由是最重要的品质，人活着就是要有自由选择的权利，任何束缚人的发展的力量都是应该彻底抛弃的。

因为父亲是一位高利贷者,在佛罗伦萨结交的人很多,有不少是当地的重要人物。但丁如果在家空闲,便会倾听他们谈论国家的一些事情,什么地方又发生战乱了,什么人试图发生叛变啦,或者又有谁正在策划一场社会改革啦,各种事情都能够进入到但丁的耳朵里。

有一次,一位叫作卡迪纳的政府官员来到但丁的家里,他原本是想与但丁的父亲做一笔交易的,但刚到家,就看到但丁,立刻惊讶得张大了嘴。连忙对但丁的父亲说:"这是您的儿子?"

父亲很不屑地说:"是的。但是不怎么成气候,整天就在自己的房间里发呆,偶尔写一些乱七八糟的东西。"

"不,不,不。要我看,先生,您这儿子将来必有出息,而且能够在政治上大施拳脚,能够赢得整个佛罗伦萨的欢呼!"卡迪纳兴奋地说。

父亲听到卡迪纳这么高的评价,一开始一愣,后来想到,也许他只是奉承自己,因为他来这里是为了和我合作呀!于是,也没有把他的话放在心上,于是微微笑着说:"谢谢您的夸奖,我的儿子将来如何,只能够靠着他自己的造化了。"

卡迪纳还想说什么,但是瞧着这位小财主好像并不乐意别人夸耀自己的儿子,便打住了。只是看了看在墙角的但丁,露出惋惜的神情。

但丁听到了父亲两人的对话,感到自己受到别人的夸奖,甚是得意。因为他自己也想着,如果一辈子就写几首诗歌,似乎的确有些不甘心的,这个时候刚好听到别人这么夸他,自然是越发坚定了自己的信心。

假设但丁如果没有遇到这位客人,会不会去从事政治呢?也许还是会的,因为荣誉对于但丁而言是多么重要的事情啊!可是,我们后来知道,他正是因为参与了政治,才招致流放的命运,最后落得流离他乡。但丁是一位诗人,但是对于政治是比较幼稚的,但是又有什么能够阻挡年轻的心呢?

佛罗伦萨也不是完全平静的地方，社会上经常发生各种惨剧。那时候有些人被放逐，有些人随意闯进民宅抢劫，有些人则在街头斗殴。但丁生活在自己的小斗室里，也经常能够从父母或者姐姐的口中得知一些事情。但丁心中想，要怎么样才能够让人们生活得更加安定和幸福呢？

　　他首先想到的是当时的政府，他觉得现在的政府中的人只是在为了自己的荣誉与金钱在努力，而没有把百姓的利益放在首位。他呼吁人们一起来监督政府，要求政府为了人们的幸福而工作。但丁就像柏拉图一样设想了一个理想的社会，在那里，每一个人都能安居乐业，生活得幸福美满，彼此之间没有恩怨仇杀，没有相互利用，只有彼此的扶持与帮助。

　　但丁时刻地为别人的利益考虑，就让他有一种博大的胸怀。在社会并不安定的时代，但丁学着关心别人，甚至时常忘记自己的利益。这种广博和忘记自己的爱不仅指导着但丁平时的为人，更融进他的作品之中。他的情诗，经常是对于爱人热情的关怀，而在《神曲》中，更是体现出对人类命运的关注。

　　一个人是时代造就的，他的思想、品行、言行举止都离不开时代的影响。在但丁的成长过程中，虽然个人的主观努力是巨大的，但是那个社会带给他的巨大的财富依然是不可替代的。

4. 寒窗十载

　　　　　　人的行为是受着理智而非本能支配的。
　　　　　　　　　　　　　　　　——《论俗语》

　　但丁做出第一首诗歌是在他八岁的时候，当时，他正在自己的小房子里面，坐在自己的书桌前，眼睛从窗口望出去，看到远处巍峨的群山，由于刚刚下过一场雨，就像是罩上了一层面纱，像是少女欲遮还羞的模样。一阵风吹过，自己小院子里的垂柳在纱罩中摇摆更像极了舞女在翩翩起舞。

但丁看到这样的一种景象，呆了半晌，随即感受到心中涌动着难以抑制的激情。但丁赶紧找出自己的纸和笔，即兴创作了一首没有押韵也没有格调的诗歌。当时但丁并没有系统学习过诗歌的创作理论，只是平时自己翻看了一些诗歌。此刻写出来，就连但丁自己也惊讶不已。

自此之后，但丁产生了写诗歌的巨大热情，也相信自己是有着诗歌天赋的，因此更加自得。但丁起初的时候只是写给自己看，并不愿意给别人看，后来越写越多，就开始拿出来在同伴之间炫耀。同伴们都对于但丁优美的诗歌赞赏不已，纷纷鼓励但丁要坚持创作，未来一定会有伟大的成就。

只是，但丁并没有因此扬扬自得，他知道，伙伴们的评价并不是真正代表自己的地位，他要让整个佛罗伦萨以至于整个意大利都为自己的诗歌疯狂。但丁不止一次在自己的同伴中说，自己要成为人人敬仰的大诗人，将来的人想起历史，将会把自己与伟大的荷马和罗马的维吉尔并列在一起。

当时的佛罗伦萨的民间，流行一种新的语言形式，这种语言非常通俗，明白晓畅，后来的人们叫它"俗语"。但丁认为，要创作自己的诗歌，首先要选择一种合适的诗歌语言，他觉得俗语最能够用来书写人们的生活与日常的真挚的情感，于是，但丁经常深入人们生活，学习他们的语言。

经过自己的努力，但丁逐渐地对俗语熟悉起来。但丁不仅会模仿这种俗语，而且能够背诵民间人们自己创作的一些文学形式。他把自己学会的俗语的表达习惯直接运用于自己的诗歌的创作之中。

但丁一生都怀着一种梦想，就是要把佛罗伦萨的俗语变成整个意大利的通用语言，变成像拉丁语一样高贵的语言，不仅可以在市井中使用，而且能够被律师使用，能够在贵族聚会中使用，甚至能够被国王和教皇承认。但丁用自己的创作实践，逐渐地抬高俗语的地位，使得俗语不仅在佛罗伦萨，而且在意大利都得到广泛的使用。

诗歌创作需要人对于生活的深刻的感悟，但丁也明白这个道理，于是，但丁经常会走出自己的小房间，深入各种各样的人群中，认真观察他们的生活，渐渐地，但丁得到了当地人的欢迎，人们都喜欢邀请这个小鬼头到自己的家里去做客，然后向他讲授生活中的逸闻轶事，但丁在这些人的口中，获得了大量的创作素材，受益匪浅。

有一次，但丁为了描写乞丐的生活状态，就直接深入贫民窟，在那里待了两个星期，在这两个星期里，但丁自己与乞丐一模一样，穿得破破烂烂，与其他的乞丐同吃同睡。姐姐看到弟弟这副模样，只是摇头，说："你怎么把自己弄得这个样子呢？你不觉得脏吗？"

但丁一副满不在乎的样子，微微一笑，说："我并不觉得有丝毫的不妥啊，我要创作，只能够让自己更加贴近生活，这样子才能够让我自己创作出来的诗歌更加真切动人啊！"姐姐听了，似乎觉得有理，但是，还是有些担心："那么你就一点都不担心自己的安全吗？你整天与乞丐生活，你自己的尊严又在哪里？"

但丁知道姐姐是关心自己，于是耐心地解释说："我觉得我自己的人生意义就在于忘我地工作，那么当我创作出人人惊叹的诗歌的时候，就是我最大的尊严所在了，这一点点的委屈又算得了什么呢？"但丁停了停，继续说道："再说，我与乞丐生活在一起，只是为了能够更加深入生活，又有什么失去尊严？至于自己的安全，我想，只要我自己能够真诚地对待他们，他们也必不会与我为难的。"

但丁虽然有过人的天赋，但是勤奋在他的成才的路上也是起到了重要的作用的。但丁自小就热爱书籍，在小斗室昏暗的油灯下，经常要阅读到深夜。小的时候有很多的字并不认识，于是就在书桌前放着一本大大的字典，一旦遇到不认识的字就要翻看字典。

有一次，但丁在阅读荷马的时候，不能够理解阿基留斯为什么这么气愤就离开了战场，造成战局的大大的逆转，于是就跑到五里地之外的地方去请教一位教师。当时正是夏天，酷热难耐，但丁自己身上的水早就喝光了，只好硬着头皮撑到了教师的家里，教师感动于但丁的勤恳和学习的态度，大大地褒奖了他。

但丁喜欢彻夜不眠地读书，他有时候作息很不规律，有时候甚至昼夜颠倒，让自己的生物钟紊乱。为此，但丁还把自己的身子弄垮，生了一场大病。他经常在累了的时候用冷水洗脸，以使自己能够更加清醒，以便能够继续学习。

但丁并没有接受过完整的学校教育，更多的时候都是自己学。但丁自小就有很强的学习能力，他大量地阅读包括文学之内的各类书籍。他认为文学是人类最高的成就，而且，学习文学必须精通哲学。因为哲学凝聚了人类的智慧的精华。当他后来创作《神曲》的时候，已经掌握了大部分的哲学，并且已经形成了自己对宇宙人生的看法。我们今天看到的但丁的伟大的作品，难道不惊异于里面广博的知识吗？

但是，当时但丁这种驳杂的观念并不被人认同。尤其是哲学，人们认为是缥缈无用的东西，完全没有必要花这么多的时间去学习。但丁有一个要好的朋友，讥讽但丁说："但丁先生，您是不是觉得自己精力旺盛，或者躲在自己的小屋子里太无聊，才去看那艰涩难懂的哲学？你这不是自讨苦吃么？"接着又说："难道您没有听说过泰勒斯的故事吗？他自称是伟大的哲学家，整天抬着头看看天上，以为可以窥破上帝的秘密，但是最后因为地上有一个东西没有看到，掉在了洞里。"

但丁听到这种无知的嘲讽，本来并不想要回应，但是也不愿意自此失去一个朋友，于是，说道："我的朋友啊，您只知其一，不知其二啊！您知道故事的后半部分是怎么样的吗？"但丁看到朋友满脸的疑惑，继续解释道："泰勒斯后来观察天象，预知希腊将会有一场大旱，于是把全国的榨油机都买过来了，最后，全希腊的人只能够向泰勒斯租借榨油机了。"

但丁最后说道："智慧的人从来不把自己的智慧挂在嘴边，而那些不学无术的人却相反，时常去嘲笑别人。人类的智慧是无穷尽的，我们要时常怀着谦卑的心。"

知识的广博使得但丁视野广阔，思路清晰，作品的知识蕴含量巨大。如果我们读读《神曲》就会发现，但丁的作品还有另一个重要的特点，那就是宗教的气息特别浓重。是的，上一节已经介绍，但丁生活的时代是中世纪的后期，那个时候，宗教依然是人们生活的重要的组成部分，每一个人都离不开宗教的影响。

但丁在创作的时候，时常借用宗教的主题，一方面是阐述自己宗教的观点，另一方面是借着宗教来宣传自己关于人性解放的新的观点。那么，但丁对于宗教的认识是不是道听途说呢？不，但丁虽然在心中对于教会的很多的做法并不赞同，但他还是能够比较客观地认识的。

但丁每一个周末依然是进行礼拜，只是并不像其他人一样完全没有自己的主见随着牧师的讲道而盲从，而是试图自己阅读《圣经》，然后产生自己的见解。但丁能够阅读拉丁语，虽然教会禁止教会以外的人阅读《圣经》，但是但丁为了追求真知，依然偷偷阅读了《圣经》，他发现了很多教会掩盖的事实，于是，他通过自己的笔要解释出来。

他的朋友加佛尔问他："你不跟随教会，就是不跟从上帝的话语，你难道不怕下地狱么？"但丁惨然一笑，他没有有想到自己的最要好的朋友居然也不理解他。他脸上露出悲哀的神色，说："难道我们盲目地跟从着教会就是跟从上帝的话语吗？我们为什么就不想想教会说的是不是符合圣经的话语呢？现在的教会背地里都在违背上帝的话语，我们哪能够再完全地信任他们？"

加佛尔听到这一番话，半晌没有回过神来，他没有想到，但丁居然会有这样的想法，而且实在是闻所未闻的，加佛尔有一些打战地说:"但丁先生,您这话可不能够乱说啊,被上帝听到,可是会下地狱的!"

"哈哈,上帝是无所不能的,即使我不说出来,上帝又何尝不知!只是上帝也许最恨的就是那些口是心非的人!"但丁有些气愤了,故意把后面的一句话说得很重,"老朋友,我知道你是最理解我的。我希望你在这个事情上也能够理解我。您也知道,我们不能够再像前人一般对教会盲从了,教会欺骗了我们,他们把很多的上帝的话语都遮蔽了,真正应该下地狱的是他们,而不是我!"但丁说着,用热烈的眼光看着加佛尔。

加佛尔大大受到感动,他抓住但丁的手,说道:"你是对的,我们不应该任由教会摆布,我们要有自己的声音!"

听到这里,但丁欣喜万分,也紧紧握住他的手,感动得差点就要流下了眼泪。后来加佛尔就一直与但丁并肩作战。

我们从这里可以看出,但丁不仅是一个求知若渴的人,而且能够思辨地看问题,不再盲从于权威。这对于一个诗人而言,当是多么重要的品质啊!但丁就是凭着自己的天赋,自己的勤奋,还有自己的思辨性的思维,最后写出了一部部重要的作品。

第二章 爱与恨

1. 丘比特之箭

> 爱神在我面前显得十分欣喜,他捧着我的心,在他怀抱里面。
>
> ——《新生》

佛罗伦萨有一个流传已久的习俗,就是每逢盛大的节日,男人和女人都会举行宴会,招呼左邻右舍的同伴一起度过欢乐的时刻。在这种聚会之中,平时深居闺阁的贵妇人们也出来透透气,结交与自己有共同语言的同性和异性朋友。而当地的绅士们吃饱喝足更是期待着这一难得的艳遇时机。

1274年5月的一天,在佛罗伦萨人人尊敬的绅士福尔科·波尔蒂纳里豪华的别墅中举行的宴会上,9岁的但丁沉浸在诗学的平静的内心被打破了,爱神丘比特向他发射了一支强有力的箭。

阿蒂吉耶里一直对儿子不闻不问,认为他只会整天发呆吟诵所谓的诗歌,而对于家中的账目却一窍不通,他不能够忍受自己的儿子居然能够对自己高明的放贷手段这么不屑一顾。因此,大部分的时间,父子俩都谈不上什么沟通。但是,当生意蒸蒸日上时,阿蒂吉耶里就会忘记儿子所有看不顺眼的地方,把他抱在怀里,亲昵地亲吻他的脸颊。

这天,阿蒂吉耶里又如沐春风地回到家里,刚推开自己的家门,看到儿子,脸上顿时绽开了花,连忙跑过去抱起来,对他说:"儿子,明天我们去参加一个宴会,那可是一位伟大的人啊,为人真诚大度,而且乐善好施。"小但丁并不喜欢父亲这种过分的亲昵行为,挣扎着推开父亲的手,本想立刻拒绝,但是转念一想,出去走走或许有利于打开自己的思绪,或许能够意外地写出美好的句子呢！

"好吧，我跟你去。"但丁淡淡地回答。父亲听到儿子答应了，又想抱起但丁。但是但丁很快地回到自己的房间里去了。父亲待在原地，感到一阵愤怒，但是又想起今天赚了一大笔的生意，便又眉开眼笑了："夫人，你在哪里？快过来，告诉你一个好消息……"

第二天，但丁穿上了他唯一一件新衣服，随着自己的父亲出门了。很快，父子俩就来到了福尔科·波尔蒂纳里的院子前。院子不大，种满了小树，在夏日和煦的日光里显得更加葱绿。院子的东北边就是三层楼的白色小房子，用大理石装饰而成，一看就是大户人家。

阿蒂吉耶里拉着但丁，走进院子。管家立刻迎上前来，脸上堆起谄媚的笑容，毕恭毕敬地把两位贵宾请进屋里。

小但丁走进屋子，看到富丽堂皇的家具，很多都是由阿拉伯商人从东方运过来的，看得都呆了。按照惯例，小孩子被主人安排在一个小客厅里一起玩耍。于是但丁被管家领进大厅侧边的一个小房间，里面有十几个十多岁的孩子。但丁并不喜欢说话，只是呆呆地坐在沙发上。就在这时，一个穿着白色长裙的小女孩出现在但丁的面前。但丁心中一动，抬起头来。

小但丁在自己的斗室里的时候时常幻想着一位美丽的天使，她带着自己畅游整个意大利。而眼前的女孩就像是自己梦中的天使。她大概八九岁的模样，梳着长长的辫子，一双大大的眼睛盯着自己，像是在说着欢迎的话。笑容鲜活地挂在脸上，一对小酒窝格外动人。她五官小巧，比例完美，就像是按照希腊著名的雕塑维纳斯雕刻出来的。此外，但丁觉得她还有一股巨大的魅力，叫人心神荡漾。

"您好，您是那位会吟诗的阿蒂吉耶里的儿子但丁吗？"甜美的声音直让但丁如坠云雾之中。

"是……是的……哦，其实也就是有感而发，附庸风雅而已。"但丁说话吞吞吐吐，心中充满了意外的喜悦，但是依然使自己的话保持谦虚。

"您就别谦虚了，我父亲早就拿你的诗给我看了，叫我向你学习呢。你写得真好，要是我能够写得像您这样好，那该多好……"说着，一阵红晕袭上白皙的脸蛋，显得尤其可爱。

"您的父亲是？"但丁尽量使自己的心平静一些。

"我的父亲就是这儿的主人啊，我的名字叫比亚翠丝，很高兴认识你！"说着，比亚翠丝调皮地笑了。

但丁听到她就是福尔科·波尔蒂纳里的女儿，感到又惊讶又欢喜，连忙站起来，邀请她坐在自己的旁边。比亚翠丝也不推辞，大大方方地坐下来。两个人一见如故，他们谈论荷马，谈论维吉尔，还谈论到自己各自的创作。但丁从没有像今天一样说那么多的话。事后但丁回想起来，也只能够归结到爱情的召唤！

这次之后，但丁经常来到比亚翠丝的家里来做客，比亚翠丝也非常乐意但丁的到来，两个人年龄虽小，但是却都格外地成熟。相互见面都是一起学习诗学，或者共同吟诵历史上著名的诗篇，而不是玩玩具，或者淘气地串上串下。

但丁只是一个孩子，但是就犹如他的诗篇早熟一般，心中爱情的种子也提早地发芽了。比亚翠丝也在与但丁的交往过程中萌生了爱慕。她要求父亲允许她出门到但丁的家里去，福尔科还以为自己的女儿是去向但丁学习他作诗的才能，也就没有格外阻拦。

但丁和比亚翠丝的爱情是真挚的，也是纯洁的。根据但丁诗歌中的记录，还有他周围熟悉他的人的回忆，他们两人始终保持着柏拉图式的精神恋爱，丝毫没有涉及情欲。这对于现代的社会而言，简直就是一个奇迹。

但丁一直都把比亚翠丝当作自己精神的伴侣，在与比亚翠丝在一起的日子里，但丁灵感如泉涌，写出一首首美丽的诗篇。我们今天翻开著名的《新生》，在扉页就写着："献给比亚翠丝"。而在书中，记载着不少当时但丁因为思念而写下的诗篇。

但丁是矜持的，又或者他害怕别人破坏了两人的世界，但丁始终没有公开自己的恋情，就连自己的父亲也瞒着，他只是偶尔向自己最敬爱的姐姐透露一些内心的情思。姐姐对于自己的弟弟是理解的，她知道弟弟敏感的心需要同样一颗敏感而智慧的心的抚慰。是啊，诗人是伟大的，他可以创作出伟大的诗篇，但是诗人也是脆弱的，他窥破了世界太多的奥秘，生活中的平凡再也不能够满足他的需求，于是，爱情便显得弥足珍贵。

有一次，但丁与比亚翠丝因为诗歌创作的手法的不同看法产生了分歧，但丁是一位固执的人，始终不肯相让，坚持自己的看法。比亚翠丝也性格倔强，最后，比亚翠丝生气地关上了自己的房门。但丁回到家里就大病了一场。他发着高烧，嘴里喃喃地说着胡话，别人都不知道发生了什么事情。最后，比亚翠丝写了一封信过来，才平息了这场矛盾。

我们可以想见，但丁是多么热爱自己的情人啊，但是诗人就是诗人，对于自己的诗歌创作不肯有丝毫的让步。哎，或许这就是诗人的矛盾之处吧！

爱情总是充满了变数，随着两人的逐渐长大，比亚翠丝移情别恋了，她最后嫁给了西蒙奈·德·巴尔迪伯爵，成了伯爵夫人。当但丁得知这一消息之后，又是愤怒又是无奈，他只好把自己满心的忧愤都倾注在诗歌创作上。

尽管比亚翠丝已经嫁给了别人，但是但丁依然没有能够把她从自己的心中抹去。但丁时常参加西蒙奈·德·巴尔迪伯爵的聚会，并且找机会与比亚翠丝说上几句话。对于我们的诗人而言，仅仅是几句话，也是一个大的抚慰啊！

上帝总喜欢雪上加霜。1290年，比亚翠丝患了一场大病，撇下自己的丈夫和我们伟大的诗人离开了这个世界。但丁收到噩耗之后就像是一个晴天霹雳打在自己的头上。但丁日日以泪洗面，并且茶饭不思。很快，身体本来就不怎么好的但丁变得就像是一个原始人。脸上几乎没有了一块肉，骨头高高地隆起。胸上的肋骨清晰可见，就剩下一层皮肤包裹着。

唉，我们可怜的诗人啊，上帝为什么叫他遭受这样的折磨呢？或许，这就是天将降大任于斯人吧！家人出于同情，担心但丁因为陷入爱情的泥沼太深而最后毁灭了自己，于是决定给但丁找一个妻子，她就是盖玛·多纳蒂。这是后话。

2. 一个骑士的信

> 如果骑士邀请或是留住你，在你成为他的真心朋友之前，应尽力探悉他与哪派人相连。
>
> ——《抒情诗》

但丁生活在冷漠的后母与满眼只见到金钱的父亲组成的家庭中，经常会感到深刻的孤独。除了偶尔能够去比亚翠丝家里畅谈之外，大部分的时间只能在自己小小的斗室里发呆。虽然有时候也有一些朋友来串门，但要不是附庸风雅之辈就是不学无术之人。

我们试想，哪一个伟大的心灵不是孤独的呢？陈子昂"前不见古人，后不见来者，念天地之悠悠，独怆然而涕下"是千古文人的哀叹。世上总是庸俗的人多，过着平凡的日子，而能够去探究世界奥秘的人少，最后探究有所得的人更是少之又少。十九世纪末的尼采用天才的声音呼吁人们成为"超人"，最终只能够被人耻笑为疯子。

但丁自小就饱览群书，拥有过人的天赋，并且难得地把自己的天才无私地奉献给高贵的文学，这是阿波罗文学守护神的幸运，这是人类历史的幸运。可悲的是，但丁却只能够凭着孤独的灵魂在人生的旅途之中行走。

谁也没有想到，但丁在自己的斗室里追求知音的幻想最后会变成现实。一天，全家人一起共进晚餐。在跳动的烛光之下，父亲显得神采飞扬，他把口中一大块肉吞进肚子之后，开口说话了："红衣主教拉蒂禄过几天会光临我们佛罗伦萨……"父亲说完顿了顿，抬起眼睛看了看家人的反应，没人感兴趣。接着又说："他是作为调解人，试图调解前不久发生在我们城邦中的一起流血事件。到时候，他将受到隆重的接待，全城的人都会出去迎接，当然也包括我们之中会耍耍笔杆子写几首诗歌的诗人们。"

父亲最后的一句话引起了但丁的兴趣，虽然父亲对于诗人并不尊重，但是父亲的话毕竟传达了一个重要的信息，就是在这隆重的场合，将有机会一睹闻名遐迩的诗人的风采。但丁兴奋异常，回到自己的斗室，翻来覆去睡不着觉，把头偷藏进被窝里偷偷地笑。他知道，这是一个难得的机会，可以认识与自己志同道合的朋友。

一个阳光明媚的日子，红衣主教终于来到了佛罗伦萨的街头。街道的两旁站满了前来欢迎的人们，有普通的百姓，也有城市中贵族的人们。每个人都翘首以待，把脖子拉得长长的，生怕错过了与主教难得的相遇时刻。

主教果然威风凛凛，乘着一匹阿拉伯马，后面跟着一大群教士。主教慈眉善目，面露微笑，对着周围的人不停地点头，时不时地在胸前划着十字，意为上帝祝福你。周围的人不时传来兴奋得大叫："主教祝福我了！我得到主教的祝福了！"

但丁对于主教并不是特别感兴趣，他不断地在人群中寻找，试图找到自己一直仰慕的人。他就是著名的骑士，也是佛罗伦萨有名的诗人——基独·加佛尔。

加佛尔属于意大利波洛尼亚诗人，人们习惯认为他是基尼才诗派的代表人物之一。他们主张诗歌应该抒写真挚的情感，反对矫揉造作和无病呻吟，他们最不屑书写的就是歌功颂德和应酬诗篇。诗派中的基尼才据说是第一个用优美而真诚的诗句赞美了在青草地中等待着小伙子拥抱的诗人。

加佛尔的诗歌还因为他骑士的身份而显得有浓重的浪漫情调。

他渴慕爱情，诗歌中时常流露对于自己心爱的人的真情。当时的贵妇人尤其喜欢加佛尔倾注自己情感的诗篇，她们希望在其中读到自己的名字，那将是多大的荣幸啊！

加佛尔出身高贵，家境富裕，他只比但丁大五岁，但是在当时诗坛上已经久负盛名。他的诗歌是当时人们重要的阅读材料。但丁也是一次在比亚翠丝的家里看到加佛尔的诗篇的。当时但丁一看就有一种找到知己的感觉，诗歌中所表达的对于爱情的真诚守护，对于大自然的亲近，还有对于人类真善美的追求，无一不深深地印在了但丁的心中。

但丁一直都想找一个机会去拜访加佛尔，这位与自己是那么相似的诗人。但是因为彼此地位相差太大，加佛尔是贵族，又是著名的诗人，而但丁出生在一个普通的小康之家，父亲还是并不怎么光彩的高利贷者。但丁心中充满了矛盾，既想亲近这位骑士，又有一些敬畏。

这次，但丁相信是上帝赐予的好时机。他鼓足了勇气，一定要在欢迎仪式中主动去认识这位浪漫的骑士。可是，如果是直接上前攀谈，也许过于唐突，但丁想到了一个好方法，那就是写一封信。

但丁想来想去，整封信就写了一首长长的诗歌。大意是说，他有一位地位显赫的远祖，他已经升入了天堂，一天晚上，远祖托梦，向但丁透露了地位高升和声名远播的秘密，并且预言但丁将会成为一位伟大的诗人，在历史中永远留下名字。

但丁怀揣着这封信，焦急地寻找着加佛尔的身影。突然，一位策马徐行的绅士引起了但丁的注意。只见他气度非凡，全身骑士的装束，戴着一顶高帽子，神态颇为自豪，眼睛随意打量，显出巨大的魅力。他的周围聚集了不少的人群，他用手挥动，表示感谢。但丁迎上前去，一打听，还真是自己一直寻找的伟大骑士和诗人加佛尔！

但丁激动异常，拨开人们，走到加佛尔的跟前，把自己的信递过去："我尊贵的加佛尔骑士，我是您的诗歌的忠实的阅读者和仰慕者，很高兴在这里认识你，我希望得到您的指点与帮助！"但丁由于过分激动，声音显得有些颤抖。

加佛尔从高高的马上看下来，盯着但丁瞧了一会儿，伸出自己戴着白手套的手，与但丁亲切地握了握手，并且接过但丁的信，说道："我也很高兴认识你，我会回复你的信的。"说完，加佛尔骑着马继续接受其他人的欢迎。

但丁从来没有想到能够这么顺利就得到加佛尔回信的承诺，这让他高兴得简直就要疯了。他发足狂奔，回到自己的家里，姐姐差点没以为他是不是又受到哪位姑娘的拒绝而痛苦不已。

由于当时的信件传递效率太低，在忐忑不安地等待了半个多月之后，但丁终于在自己家门口发现了加佛尔的回信。但丁双手捧着信件，微微地颤抖。他连忙回到自己的斗室，点起蜡烛，小心翼翼地展开信。但丁越读越兴奋，因为加佛尔以完全平等的口吻写的信。在信中，加佛尔赞扬了但丁的诗才，许诺要与但丁成为莫逆之交。

这在但丁的生命里，将是多么值得回忆的事情啊！我们想想，当一个人在沙漠中孤独行走，忍受着劳苦与饥渴，几近失去了所有的希望，突然有一个人递给了你食物和水，并且给你建立了帐篷，让你休息——这种相遇与恩情是用其他任何的东西都不能够比拟的！

就是因为两封信，骑士兼贵族诗人加佛尔与身份低微、初出茅庐的但丁成了朋友。俩人经常有信件来往，在信中一起谈论对于诗歌的看法，还时不时地把自己的得意之作寄给对方，要求对方的指点。同时，只要有空余，两个人便去拜访对方，促膝长谈。

在这份友谊之中，但丁的收获是显而易见的。由于加佛尔比但丁大五岁，对于诗歌有更加深入的体会与感悟，于是，在大部分的时间里，都是但丁请教加佛尔问题，加佛尔就像是大哥哥一般毫无保留地把自己的所知倾囊相授。

但丁在赢得加佛尔的友谊之后，好运便连续不断了。加佛尔介绍了不少的知名的人给但丁认识，但丁逐渐走出自己的斗室，开始进入社交界。而但丁的名字，也逐渐被当时的贵族和贵妇人们记住。

一天，匈牙利亲王加尔·马德罗来到佛罗伦萨。这次的场面比红衣主教到来的时候更加隆重。在亲王背后有两百位骑士护驾，他们个个穿着纯金的靴子，身上披着五颜六色的披风，被风一吹，更是威武。两边围观的群众目不暇接，啧啧称赞。

佛罗伦萨的贵族们纷纷出门，加入到亲王的欢迎仪式当中，这其中也包括但丁。亲王在仪式完毕之后，由自己的亲随引荐，接待了但丁。两人一见如故，彼此怀有好感。亲王佩服但丁的诗才，但丁则暗暗敬仰亲王的高雅趣味。

从以后的零星记载来看，亲王对于但丁的评价是非常高的。他觉得但丁有一种骑士的风度（我们猜想，这极有可能是受到了加佛尔的影响），拥有音乐家的激情。并且，在言谈中，总能够用平凡的语言发出惊人之论。

得到了亲王的赏识，但丁的前程更是如绣花的锦缎，生活变得丰富多彩，越来越多的人前来拜访他，把他当作大人物，虽然但丁还年纪轻轻，才刚刚进入大学。

3. 人在波洛尼亚大学

"引导我的诗人啊！请你考虑一下吧：我是否有足够的能力，可以担当这件艰难的工作呢？"

——《神曲·地狱篇》

但丁生活的佛罗伦萨，社会并不安定，时常发生小的冲突，人们因为名誉与权势而不断地互相残杀。而在亚平宁半山麓的波洛尼亚，却因为和平的环境而获得了巨大的发展，逐渐地成为教育的中心，创办了大学。这在历史中是一个伟大的创举。我们现在可以知道，一个城邦能够建立一所大学，对于文化的发展该有多么大的贡献！

波洛尼亚成了文人聚集的地方。在这座城市之中，到处充满了饱学之士。就是普通的百姓，在家里也多少收集了荷马或者维吉尔的诗歌集子。当地的人们再苦再穷，都要让自己的子女受一些教育，因为人们已经习惯用学识来论定一个人地位的高低。

但丁一直就向往这样一座城市，他渴望能够在波洛尼亚接受修辞、法律和演讲术的训练，因为这些都是波洛尼亚的优势，在佛罗伦萨是怎么样也不能够获得的。另外，虽然现在有很多人拜访但丁，但是大多不能够成为他的至交好友，他希望到波洛尼亚去寻找更多的志同道合的人。

但丁在佛罗伦萨的学习一直就很好，尤其是修辞学。通过自己的努力，又由于加佛尔的引荐，在一个明媚的日子里，但丁接到了波洛尼亚大学的录取通知书。于是但丁辞别家人，翻过了亚平宁山脉，来到了梦想之中的波洛尼亚。

但丁在波洛尼亚如鱼得水，他的求知欲迅速膨胀，如饥似渴地学习，在学习文学之外，还涉及音乐、美术、建筑等等。但丁的记忆力非常强，几乎能够过目不忘。当但丁毕业之时，已经把数不尽的知识藏进了自己的脑中。

在学习之余，但丁也在静静地创作。经过了反复地思考与修改，但丁终于出版了自己的著作《新生》。这部书是用散文与诗歌间杂的文体写的。内容有一点自传性质，写的是自己的初恋经过，在书的结尾，还发誓说要成为一代伟大的诗人。

这本诗集通过对于比亚翠丝爱的表达，赞美了人类的伟大与美丽，我们从诗歌中可以读出但丁对于人类怀着的深切的信心与关怀。但丁认为，人类的地位是高尚的，我们人类应该追求自己的幸福，而不是一味地匍匐于上帝的脚跟前，追求来世的幸福而忽略了现在的幸福。

有人认为，但丁的这本诗集标志着人类意识的觉醒，它标志着人类从宗教的束缚之中摆脱出来，寻找到了自我，从而获得了新生。我想，这种说法是不无道理的，但丁对于中世纪的作风是不满的，他要求对于教会禁欲主义进行批判，人类应该去追求自己的幸福，这种幸福不仅存在于来世，现世的幸福同样是值得追求的。

在波洛尼亚，即使是一个性格孤僻的人也会逐渐地改变自己的习惯，开始走进人群。因为波洛尼亚充满了各种社交的场所，人们日常最重要的活动之一就是走进各种酒肆或者广场，相互介绍朋友，然后促膝长谈，如果彼此性格和意见相同，则能够一起成为要好朋友，如果没有共同的语言，也没有多大的关系，也可以在一起多喝几杯。

在这样的环境下，但丁也热爱上了社交。他的朋友圈子越来越广。越来越多的人来到但丁的身边，与他一起探讨诗学或者谈论现今的政治。但丁时常拿自己的作品来朗诵，在得意的地方，就要炫耀一番。他的朋友也会附和几声。当然，要是朋友们觉得那个地方有些佶屈聱牙，也会直言不讳，要求但丁能否做一些修改。

但丁的朋友越来越多，凡是和他交往的人，既喜欢听他的诗歌朗诵，也喜欢他这个人，因为他性格耿直，善良，热爱帮助人。朋友们都钦佩但丁的博览群书，上知天文，下知地理，是一个百科全书的人物。这其中，就有自恃清高的加佛尔。加佛尔在很多人的面前表现得傲慢，但是要是他真的遇到一个有教养的人，便会毕恭毕敬，就像但丁一般。

除了加佛尔，但丁的周围还聚集了当时众多的贵族和贵妇人。这其中自然不缺乏附庸风雅的，但是有不少的确是对于文学有独特的爱好的。甚至有一些是从意大利以外的地区专程跑过来拜见但丁的。但丁也非常喜欢与这些人交往，与他们交流自己创作的心得。

但丁并不是一个安分的人，在波洛尼亚，他也经常关注全城美貌的女子。每当与朋友们喝酒，就要把话题转移到女人的身上。人们都喜欢听但丁评论女人，并不是因为但丁有多高的鉴赏美的能力，而是被但丁幽默的谈吐折服。

一次，朋友们又围绕着但丁谈论开了。加佛尔首先开口了："但丁，您说，佛罗伦萨最漂亮的女子是谁？"

但丁并不急于回答加佛尔的问题，只是慢慢地呷了一口酒。然后沉思了好久，慢悠悠地说道："我姑且把排在第一名的人隔着，因为这最容易引起争议。我把第二名给法郎赛斯加，因为她身材苗条，就像是女神下凡一般，每个人一看到她就要着魔。有一次，我不小心跟她碰了一个照面，就那么一秒钟，我的魂儿就已经飞向她了。"

众人哈哈大笑，又问："那么第三名的呢？"

"别着急嘛，听我慢慢说。"但丁故意卖关子，去了一下洗手间，然后回来，又倒了一杯酒，然后慢慢地品着，脸上露出满足的笑容。"我自从见到法郎赛斯加，以为世上就再没有如此美丽的姑娘了，没有想到，才过去30天，我又见到一位让我恨不得为她去死的美人儿……"

"是谁？是谁？快说啊！"众人有些等不及了。

"这个人就是卜珥琦！"但丁小声说，"我看到她在一条小河边不断地扭动着自己的腰肢，那胸部一动一动的，我差点就要叫出声音来了，最后我撒开腿就跑，就像是遇到了撒旦，因为再多看一眼我就得晕过去啦！"

众人又是大笑。突然，加佛尔建议道："但丁，要不你写一首诗，诗中列举佛罗伦萨排在前50的美丽女子？"

这次，但丁想都没想，就说："好，这是一个好主意，朋友们，那么我得回去啦，你们慢慢喝，我回去写我的诗歌，明天呈给各位看看。"说着，就离开了座席，真的回家写诗歌去了。

第二天，但丁神秘地拿着自己的诗歌，在朋友们面前晃悠。加佛尔一把抢过来就看起来。"哟，你怎么把拉佳排在第五位了？而且只是赞美了她美丽的眼睛，我觉得她的脸蛋最漂亮，完全可以排在第四的！"

"哦，为什么阿迪玛丽排在14位了？她可是我的梦中情人啊，我最喜欢她的美丽的像瀑布一般的金发了！但丁，你必须要改过来才行，不然我可要对你生气了！"

"还有，为什么没有焦凡娜？她品德高尚，温柔淑娴，怎么会没有她的名字？这不公平！"

众人七嘴八舌，总是在为一些姑娘鸣不平。但丁在旁边一直面露微笑，最后，说道："这只是我的一人之见解，朋友们有其他的看法，可以自己作一首诗歌啊！"

"好！"众人一声附和，就开始对于佛罗伦萨的女子评论开了，彼此争论得面红耳赤。最终，各自心中都有了自己的名次，只可惜，所有的女子都不知道自己被别人这样子评论。

是啊，诗人都是浪漫的，对于爱情都有自己的追求。但丁当时正是年轻时期，难免对于美丽的女子有爱慕之情。我们又怎么能够过于苛责呢？只是，这样评点女子，对于那些女子实在有一些不公平啊！

4. 诗战硝烟

在社团或行业中别结交恶人，同他们合成一伙绝非贤明。

——《抒情诗》

在波洛尼亚大学，但丁既赢得了名声，同时也与不少的人结下了仇恨。这也怪不得但丁，哪一个天才没有几分怪异的脾气？我们大概可以这么说，天才正在于他有独特的思想，这就不可避免地与思想平庸的产生冲突。当然，我们也不能够忽视，不少智慧的人在名声日盛之时就会变得傲慢，但丁也没有例外。

但丁喜欢喝酒，经常光顾学校周围的酒店。他时常邀上几位朋友，一起喝得昏天黑地。一次，但丁和同是波洛尼亚大学的弗莱斯·多纳蒂发生了诗战，两人互相用诗歌讥讽对方，到了最后甚至直接恶语相加，甚是难听。有人以为这件事情暴露了但丁内心的邪恶种子，原来但丁也是这般争强好胜，这样顾及名誉。不管如何，我们还是一起来回顾这一精彩的诗战硝烟吧。

弗莱斯也是来自佛罗伦萨，也是一位小有名气的诗人。他所在的多纳蒂家族是当时一个相当显赫的家族。弗莱斯一直以为自己出身高贵，经常惹是生非，目中无人。在波洛尼亚大学，他和但丁起初关系要好，但是两人的性格相差太大，而且弗莱斯还经常讥讽但丁的出身，于是不久两人的关系就破裂了。

这天，但丁和自己要好的朋友喝了很多的酒，回到寝室已经醉得厉害了，但是但丁躺在床上却一直睡不着。但丁翻来覆去都难以进入梦乡，就干脆起床，拿出稿纸，即兴作了一首十四行诗，全文都是讽刺此刻已经躺在床上的弗莱斯。

第二天的晚上，但丁在朋友的面前高声朗诵了这首诗，朋友放声大笑。有人建议把这首诗送给弗莱斯，看看他是什么反应。于是，但丁还真送给了弗莱斯。弗莱斯看着诗歌，脸上青一块紫一块，只见诗歌这么写着：

"你那可怜的妻子啊，咳嗽声不断！／三伏天她也冷得直打转／需要穿戴毛衣、长袜、风帽、手套去睡觉／尽管这些东西对于她丝毫不生效／她年纪轻轻，渴望儿女风情／可你却从未满足她的心愿／你对她缺乏爱抚、温存和痴情……"

弗莱斯的克制力还是很强的，他并没有当场冒火，只是文雅地说："谢谢您，但丁先生，谢谢您的诗，你等着，改天我也送您一首诗。"弗莱斯说完，就离开了。但丁和自己的伙伴们哈哈大笑。

弗莱斯回到自己的家里，异常愤怒，把自己的房门用力一关，就大声骂起来："甭卖弄了，不就是一个放高利贷的穷小子么！我一定叫你好看！"弗莱斯恶狠狠地骂完之后，即刻开始写自己的诗。他知道，他应该找到一个合适的角度来反驳但丁。那么是什么角度呢？对了，就从但丁的父亲入手！弗莱斯得意地笑笑，开始了自己的写作。

第二天，弗莱斯把但丁叫到跟前，很是得意地说："但丁先生，昨晚可过得好啊？"

但丁也是微微笑着，轻松地说道："托了您的福，我昨晚一直梦见我跟您打架，您被我打得好惨，只能够趴在地上不断地求我放了你。"但丁边说边看着弗莱斯脸色的变化，更是得意了。

"好，但丁，不管你昨晚是不是真的做了这梦，我倒是真的写了一首诗给您，您自己看看吧，说不定您会为我的诗歌才能感到惊讶，从此惭愧得去改行了！"弗莱斯说完，也不等但丁说什么，就把写着自己诗歌的一张纸塞到但丁的手里，走进了自己的教室。

但丁打开折叠的纸，看着上面写的诗歌，着实被惹怒了，他高声喊着："弗莱斯，你等着！"说完愤愤地离开了。他让他的朋友给他出主意，怎么样回应弗莱斯。

朋友们看着弗莱斯的诗歌，忍不住也笑出声来。只是看到但丁生气的表情，硬是忍住了，诗歌是这么写的："昨夜里我通宵未眠／我东走走西走走／不觉间来到了佛罗伦萨城／天哪，你猜我看到了谁？／你父亲——他深陷垃圾坑／和一伙流氓、地痞、恶棍同缚在一根绳索上／他要求我给他松绑／我用袖子扬长一挥／怎么能与这帮恶鬼把时间浪费！"

每个人都看完诗歌之后，先是觉得好笑，但是很快就同情起但丁来。大家一起想主意，怎么样回应弗莱斯。

一个说，干脆就不要再用诗歌了，挑明了臭骂他一顿就是，如果需要的话，给他两个拳头。一个说，我们就把这首诗歌递给校长，告诉校长弗莱斯人身攻击。另一个说，我们就以牙还牙，也把他的父亲臭骂一顿。

最后，商量来商量去，还是决定要写诗歌，最后拟定的诗歌是这样的:"你这纯属信口雌黄／其实你比我更加穷苦且光／你是一个只知道吃的贪欲之徒／终将坐吃山空把家亡／哦,你还是一个大窃贼／擅长偷鸡与摸狗／只要那么一下子,钱财就会弄到手／可是不幸的是／行窃迟早会被人发现／小偷终究会束手就擒／他们的下场统统是去服苦役。"

在这首诗歌中,但丁把弗莱斯说成是一个好吃懒做并且喜欢偷鸡摸狗的人。其实这种描述也并不是无中生有。在当时,几乎所有的贵族都喜欢山珍海味,彼此在一起谈得最多的就是美食和女人。他们个个吃得脑满肠肥,包括弗莱斯,也挺着一个大肚子。

此外,贵族也有一些独特的爱好。很多的贵族吃饱喝足了没有什么事情可以干,就找一些消遣。他们不少人中流行做一种偷盗的游戏,并不是真的想偷东西,而只是觉得好玩和刺激。于是,当时,有很多的"假"小偷。

但丁写完诗歌之后,就把诗歌给了弗莱斯。弗莱斯看到诗歌中所写的,脸上热辣辣的。因为他的确有这些毛病。但是弗莱斯的自尊心还是非常强的,他怎么能够忍受别人对自己随意指摘呢?何况,对方是自己的仇敌,是一个卑贱的穷光蛋!

弗莱斯想来想去,只能够拿但丁的出身开刀。他写了一首诗,依然是讥讽但丁的出身卑贱,说但丁只能够依靠接济度日,最后必将流落街头。照理,但丁看到弗莱斯这种没有水准的讽刺完全可以不加理会了,但是我们必须知道,在当时的时代,一个人的出身是非常重要的,如果连自己的身份的高贵都没有能力保障,那么就会被人看作窝囊废。何况,但丁是一位注重自己的人格尊严的人!

但丁异常愤怒,终于失去了幽默与克制,直接恶语相加了:"你听着,弗莱斯,我不知道你是谁的儿子,也许应该向你的母亲打听,大概只有她能讲清楚,你是一个窝囊废,你贪食无厌,就连肚皮都要撑裂!"

在这里,但丁直接说弗莱斯可能是她的母亲不检点而生下来的,连自己的父亲都不知道是谁,这可以说是对于一个人的最恶毒的攻击了。我们从这里也可以看出但丁有时候为了自己的名誉还是会做得过分的，甚至会对对方进行人身的捏造攻击。但是我们还是应该理解诗人的处境的，有哪位诗人不是为了自己的名誉而甘愿牺牲自己的生命呢？

这一下，弗莱斯也被彻底激怒了，他也开始直接骂但丁了。之后，两人不见面就罢了，只要一遇上，就要大骂一顿，有时候还拳脚相加。

但丁并不是一个记仇的人，时隔几十年，但丁书写《神曲》，写到第三篇的时候，但丁记起了弗莱斯，于是把弗莱斯写进去了。他称呼他为老朋友："咱们那时形影不离，在一起吃喝玩乐。"但丁并没有把彼此的不愉快记在心上，而是回忆两人关系融洽的时候的情景。

波洛尼亚给但丁带来了爱与恨的交织，接下来又有什么等在前方呢？

第三章 政坛风云

1. 基诺·贝拉

> 我们知道在每一类东西中一定有一件东西可以用来比较和衡量一切该类的东西。
>
> ——《飨宴》

波洛尼亚的生活令但丁陶醉，那里云集着众多的有识之士，可以把酒欢歌，促膝长谈；那里有一大批忠实的仰慕者，竞相传抄着但丁的诗歌，乐此不疲；那里还有淳朴的民风，有民主的政治，随手可以采撷的创作素材。总之，波洛尼亚带给但丁太多太多，以至于但丁曾经在一次宴饮时发誓自己愿意为波洛尼亚付出生命。

然而命运总是和高尚的人开玩笑。正当但丁沐浴在波洛尼亚的荣光中时，他接到一封家信。但丁颤抖地用手拿着信，久久不愿撕开。但丁似乎有一种预感，这封信是一个不幸，它将无情地终止自己的幸福。

同室好友看到但丁呆坐在桌前，一反侃侃而谈的常态，以为发生了什么事情，赶忙过去，关切地问："大诗人，这是怎么了？来，别待在那里了，咱们一起谈谈萨福吧！"

"不！滚开！让我静一静！"但丁突然大叫，然后冲出房间。室友愣在那里，好久没有回过神来。

他跑到一个小湖边，又这么呆坐了一个钟头的时间，缓缓地打开信。"上帝啊，这不是真的……有谁能够告诉我，这不是真的！不……"但丁边喊边跑出学校。

但丁整个晚上都在酒馆里度过，喝得酩酊大醉。他受到什么打击了？酒馆老板已经熟知这位才华横溢的诗人，他悄悄地打开信，心也为之一颤。信中说，家中发生了变故，父亲的生意破产了，已经没法供应他的学业，要求但丁从此自谋生路。

这是多么残酷的事情！对于但丁而言，父亲的破产并不至于悲痛欲绝，自己的学业呢？自己的将来呢？已经难舍难分的波洛尼亚，难道真的要从此永别？将来的路还会这样顺畅吗？还能够继续写诗呢？又能否继续与好友开怀畅饮？

但丁过了一个礼拜颓废的日子，最后满脸胡须，头发蓬乱地回到佛罗伦萨。刚到家门，母亲还以为是一位乞讨的人，就要呵斥地赶走。细看之下才发觉是但丁，连忙把他让进屋里。后母见到但丁这个模样，也心生怜悯，为但丁腾出一个较宽敞的房间。但丁一句话也没说，倒头便睡。

但丁终究是一个坚强并且抱负远大的人。他很快振作起来，重新安排了自己的生活。他把主要的时间用来出席各种宴会，结交佛罗伦萨著名的人物，因为他立志在政治上干出一番名堂。另一方面，他也丝毫不放弃自己的学业。他常常从宴会中出来，已经大醉，站都站不稳了，回到家里，只是用冷水洗洗头，还要继续阅读能够找到的书籍。这是一个多么值得钦佩的人啊！

因为长久地与政要人物待在一起，但丁逐渐地在政治上成熟起来，并且使得他渐渐地去掉了书生的意气用事，能够更加理性地分析事情。身居高位的人也非常喜欢这位年轻人，因为他能说会道，并且对于很多的事情总能够鞭辟入里。

当时的佛罗伦萨并不是太平无事。盖尔菲派和齐柏林派之间经常发生流血斗争。这两个政治派别分别以同名字的家族为核心，他们都是佛罗伦萨的大家族，势力都非常庞大。但丁经常能够听到两大家族相互争斗的事情。

不仅如此，在民间，佛罗伦萨也出现了道德滑坡，人们相互之间不信任。社会上时不时地发生战争，人们都以自保为行事的准则，还哪里有能力讲求道义呢？每一个人都过着杯弓蛇影的生活，一旦危险的事情发生，就不惜出卖自己的家人。

但丁对于自己的国家的这种状况很是痛心。他立志要改变这样的一种状态。他感觉到，佛罗伦萨之所以走到今天的这种地步，就是因为人们的贪欲日益膨胀，人们不再敬畏神，把神抛诸脑后。同时，城邦的法律也遭到了无情的践踏，人们不再以法律为行为的方向，当政者还自己违背自己制定的法律。

经过千般的思考，翻阅了数量巨大的书籍，但丁逐渐意识到，需要建立一个团结和谐的国家，停止纷争，并且让人们和睦相处，重归信任，必须抨击贪欲，提倡节制的生活准则。对于整个城邦，必须建立能够在任何一个角落颁行的法律，任何一个人都没有权力违背。这其中的很多的思想都是作为一种理念体现在但丁后来的著作《神曲》之中。

初步地设想出了自己的政治蓝图，就要开始寻找可以与自己并肩作战的人了。经过苦苦地寻找，但丁确定了一个人，这个人就是出身贵族，但是没有沾染上贵族的丝毫陋习，热爱正义的事业胜过爱其他的任何事情的当时市政厅的基诺·贝拉。

基诺·贝拉的确是一位有远见卓识的人。他并不局限于贵族的利益看问题，相反，他意识到，现在城邦的诸多问题恰恰是由于贵族的胡作非为。基诺·贝拉利用自己对于人情世故的精通，千方百计地削弱贵族对于政治的过多干预。

他在当时的小手工业者组成的小行会的支持下，发布了正义的法规。这一法规颁布之初，就得到了广大人民的热烈欢迎。这个法规有一条是这么写的："任何家庭，包括其旁系亲族，只要其中一名骑士或者封建官吏，即使经营工商业，都将视为贵族之家。"从这里我们可以看出，基诺·贝拉是相当有远见的，他开始意识到正在崛起的工商业势力。

这也正是但丁一直关心的。事实上也的确如此。大量的骑士，以至于教皇，经常感觉到手头拮据，需要向别人借贷。谁是放债人呢？当然是佛罗伦萨的银行家。这些银行家精打细算，不断地壮大自己的势力，最后，谁也不能够忽视他们的存在了。很多的政治人物都要主动地结交他们，因为参与政治必须要有足够的财源支持。

商业也是如火如荼地开展着。佛罗伦萨各处都有商人运货的队伍，里面有各种商业产品。很多人甚至不远万里，到意大利之外的地方去贸易，例如法国的列里，比利时的布鲁古等等。佛罗伦萨的商人足迹遍布欧洲大陆，以至于一些人还深入亚洲。

但丁决定要主动地认识这位伟大的政治家。在一次宴会上，但丁得知贝拉会出席，赶紧盛装打扮，提前半个小时到了宴会厅。找到基诺·贝拉的座位，把自己的座位选在旁边。宴会开始的时候，贝拉看到旁边坐着一位年轻人，以前并没有见过，但是看起来气度非凡，断定是一位难得的人才，就主动问道："这位先生，请问尊姓大名。"

但丁听到贝拉主动问起自己，连忙起身点头，随后又坐回座位，恭敬地回道："贝拉先生，您的威名早就被人们竞相传扬，我一直仰慕于你。可惜我只是一位没有丝毫名气的人。我平时只会耍耍笔杆子，写几首无关痛痒的诗歌。我的名字是但丁。"

"哦，但丁先生，非常荣幸见到您。我早就听说我们佛罗伦萨有一位著名的诗人，能够写出与维吉尔一样优美的诗歌。我一直想见见本人，只是苦无机会。这次相见，真是荣幸之至。"基诺·贝拉也显得有些激动，显然说的话并非全是客套。

但丁听到贝拉听过自己的名字，更是一直寻找机会认识自己，真是感动非常。一番寒暄之后，两人逐渐把话题引到政治。贝拉对于但丁能够在政治上发表高深的见解感到非常惊讶，对于但丁愈加折服。但丁更是暗暗钦佩贝拉的稳重，对于事情入木三分的分析。

俩人一见如故，第一次见面就长谈了三个小时。两人相互交换了政治上的见解，对于目前的具体的事情发表自己的看法，并且对对方的看法发表建议。在离别的时候，基诺·贝拉承诺帮助但丁介入政治。但丁连连称谢。

于是，在基诺·贝拉的引荐下，但丁真正开始了自己的政治生涯。只是不幸的事情还是要发生。基诺·贝拉心地善良，从不愿意过分打压自己的政敌。最后，他的对手利用了他的慈善，设置圈套把他流放。但丁对于贝拉的命运甚是关切,但是却丝毫帮不上忙,只能够眼睁睁地看着自己的伯乐被人无情地赶出佛罗伦萨。

这是基诺·贝拉的不幸,是但丁的不幸,更是佛罗伦萨的不幸!我们再联想到但丁以后的命运,不得不让我们唏嘘感叹:为什么天才总是要遭受这样的不公平的待遇?

2. 灵魂的较量

> 歌儿啊,用黑猎犬狩猎吧,最好让我快快逃离,让我能够安静地度日。
>
> ——《抒情诗》

但丁进入政坛之后,就犹如一团火焰,不燃烧是不可能的。他有着充沛的活力,恨不得把自己所有的时间都倾注在自己的事业上。他立志要在政治上证明自己的才能,他要在政坛上赢得与文学上相同的名誉!

通过自己的努力争取,但丁进入了市政厅,开始执掌佛罗伦萨的大权。但丁在市政厅开始是担任参事,接着升至咨询顾问,后来又因为优秀的表现而被提拔为百人团会议成员。这个团体具有相当的权力,是当时一种发布法令,征收税和掌管民兵的一种权力组织。

当时,政坛上的斗争非常复杂。政治上大致可以分为两大正派,一个是白党,代表的是落魄的贵族,而另一派就是黑党,代表的就是新兴的贵族势力。在民间,则有盖尔菲派和齐柏林派,他们之间矛盾重重,互相你争我夺,不仅在暗中相互较量,而且经常在光天化日之下就斗起来。

有一次,盖尔菲派的一位仆人不小心在大街上摔了一跤,这时，齐柏林派中的一位地位显赫的官员正好从身边路过，就讥讽道："大家过来看啊，你们看看这个家伙，就连走路都不会，还妄称是我们城邦的最大的政治力量！"

摔在地上的仆人恼羞成怒，立即跳起来就要与他进行一场决战。齐柏林派的人也毫不示弱，立即跳下马，拔出自己的剑就砍过去。两人争斗了不久，盖尔菲派的仆人逐渐落了下风，就在这时，另一群盖尔菲派听到别人的报信，匆匆地赶过来了。正当齐柏林派寡不敌众之时，齐柏林派也来了一批援手，于是两大队人马就此打起来了。

当打斗结束的时候，双方都损失惨重，盖尔菲派死了20人，齐柏林派却死了将近三十人。整个街道被弄得乱七八糟，不少沿街的商店都或多或少地损坏了。

但丁看到这种情景，痛心疾首，就像是自己犯下的过错一般。他不断地召集市民，号召大家团结起来，不要再相互争斗了，彼此应该和睦相处。同时，他也把所有的政治家、艺术家和知识分子团结在一起，他试图用自己动情的演说说服他们，停止纷争是最后振兴佛罗伦萨的机会。只有在和平的环境里，我们的事业才能够成功，商业才能顺利地发展，人民才能够安居乐业。

只是，事情并没有因为但丁的呼吁而有所好转。但丁逐渐意识到，现在的人们大多是愚昧的，他们都只是生活在自己的私利里面。能够唤醒他们潜在的对于国家的忠诚，或者，能够让政治家们的头脑变得更加高瞻远瞩吗？但丁实在给不了自己确定的答案。

但丁向自己最好的朋友加佛尔倾诉。加佛尔很理解但丁的心情。他在与但丁共饮的时候说："我的诗人，政治对于你真的那么重要吗？你的才华在写作啊，你应该全身心地与伟大的缪斯为伍，而不是在喝酒与浅薄的政客中耗费自己的生命！"

加佛尔说得气宇轩昂，但丁很受感动，但是多少文人都梦寐以求在政治上求得名声啊！一个文人，只能够躲在书斋里面，与世隔绝，虽然有朝一日或许能够威名远扬，但是更多的时候不都是只能够独自在油灯下苦读么？

"可是，我的好友，您知道，我觉得自己的生命应该有更多的荣誉的光环，我渴望全城人的欢呼，啊，我是多么希望有一天我站在高处，千万群众因为我的演讲而鼓掌啊！"但丁说着，似乎真的站在了演讲台上，而自己的周围有无数的观众。但丁的眼中闪烁着快乐的光芒。

看到但丁像是陶醉了一般，加佛尔心中又是气愤又是无可奈何。在加佛尔的眼中，但丁是一位优秀的诗人，但是却不是出色的政客。他希望但丁能够为了艺术而付出自己全部的生命。可是，但丁心中的野心又怎么能够一下子消失呢？加佛尔无可奈何，只能够停止了劝说，默默地盯着慢慢的长夜，他似乎感觉到，一颗新星偏离了轨迹了。

但丁在政治上遭到阻力，只能够一个人喝闷酒。是应该退隐吗？离开政治上的斗争？不，这办不到！我应该在政治上大施拳脚！这才是我应该做的事业！可是为什么我刚开始进入政坛就那么不顺利呢？是不是我根本就没有从事政治的才能？不可能的，我对于政治有着那么大的热情，又怎么能说我没有才能呢？我应该坚持下去！

内心的挣扎一直陪伴着但丁。可是又有什么办法呢？我们的诗人的心中对于政治是抱着强大的期待的，又不忍心退出政治。但丁整日郁郁寡欢，只能够今朝有酒今朝醉。

在这个时期，但丁诗歌创作倒的确是有很大的成就的，这大概就是悲愤著述的道理吧。但丁开始着手撰写《宴会》和《论俗语》。这同样是但丁重要的两部作品。《宴会》用的意大利文，借着诠释自己的诗歌来介绍人类各方面的知识成果，是面向一般的读者的普及型著作，他认为自己的书就像是宴会中的菜一样五花八门，并且有各种的口味，值得各种各样的人品尝。在书中，但丁继续谴责教会的等级制度，要求人类自己的解放，追求人文主义。

《论俗语》是但丁把自己对于意大利俗语的推崇的多种观点写

成一部理论性著作。在这本书中，但丁认为俗语同样是一种高贵的语言，应该得到人们的重视。但丁的这种观点类似于我国五四时期推崇的白话运动。只是但丁认为的俗语并不是完全的老百姓口中的原原本本的话，而是经过筛选的话语，这种筛选过后的话会变得高尚，变得散发光辉。

《论俗语》在欧洲产生了持续的影响。朱光潜在他的《西方美学史》中写道，法国近代的文学奠基人伯勒就是在但丁的影响之下写成了《法兰西语言的维护和光辉化》，为近代的法文写诗辩护，并且讨论了如何使法文日趋完善。但丁的这部著作，对于意大利语言的发展是有着重要的影响的，甚至对于欧洲其他语言的形成与发展都产生了一定的影响。

但丁在政治上还是没有丝毫的进展，他不知道怎样使得民众相信自己，也不知道怎样组织自己的队伍去申述自己的政治见解。但丁的内心一直在争斗着。是为了荣誉呢，还是抛弃所有的一切，真的过着诗人清心寡欲的生活？终于，但丁还是选择了坚持下来。

这天，又是一个阴雨的天气，但丁心情被沉闷影响，变得非常糟糕，于是走进酒肆拿起酒就不断地喝。正喝得欢畅，突然走进一个人，这人就是白党的领袖之一，多拿提。多拿提风度翩翩，慢悠悠地走到但丁的面前，面带微笑，轻轻地说道："但丁先生，告诉你一个好消息，您的大好前程就在前面了，只要您愿意，可以在我们白党担任要职，我们会为您提供施展您才华的广阔机会。"

多拿提说得平淡，但是在但丁听来，却像是上帝的恩赐，但丁立即狂喜，几乎不能够控制自己的喜悦，紧紧地握着多拿提的手，"谢谢您，我正是需要像您这样慷慨的人的举荐呢，您知道，这些日子，我过得是多么糟糕，你真是我的上帝！"

于是，但丁获得了在白党中的一个重要的职位，开始了自己政治上新的生命。我们现在看来，这既是但丁新的荣耀的开始，也是最后走向悲剧的开始。我们又怎么能够单一地同意但丁的选择，或者是指责但丁的无知，浪费自己的诗才呢？

人类对于荣耀和权力的渴望是无止境的，即使像但丁这样的高贵的人，受到哲学、宗教、文学巨大熏陶的人都不能够轻易地摆脱它的诱惑！让我们原谅但丁吧，因为这是所有的人类都难以摆脱的心理追求。

3. 问鼎政坛

为了达到人类的最佳的状态，世界就需要有一个一统的君主。

——《王国论》

但丁借着白党人士的帮助，重新振作了起来，又信心百倍地进行着自己的政治活动。由于白党处处协助，但丁做事情总能够得到顺利的解决，一时间，但丁的声誉在民众中不断提高。

到了1300年8月，但丁已经35岁。佛罗伦萨开始选举新一任的执政官，但丁也参选了。但丁有两个比较强大的竞争对手，他们是赖米焦和比尔·焦万尼。他们两个都是佛罗伦萨教会中重要的人物，地位不同一般，在佛罗伦萨也有很高的声誉。而但丁，在很多人眼中，只是一个家境不算贫穷但是怎么也算不上富裕的一个人。因此，从地位而论，但丁是落后的。

只是但丁有两个法宝。第一个法宝就是但丁写得一手的好诗歌。在当时，修辞被认为是很好的艺术，如果一个人能够在写作或者在言谈之中显示出高超的水准，是会得到普遍的赞赏的，但丁在大学的时候主攻过修辞学，因此，不仅在写作上，而且在平时的言谈之中，也总能够将枯燥的事情说得娓娓动听。于是，很多的人就认为但丁是一位有学问的人，在不少的选区受到欢迎。

第二个法宝，也是比第一个法宝更加重要的，就是但丁谙熟俗语。尤其是在圣比玛焦莱选区，但丁对于俗语的熟悉使得他赢得了几乎所有的选票。当时，人们已经厌恶了表面文雅的拉丁语或者意大利语，而是更加喜欢通俗易懂的日常使用的语言。但丁在年轻的时候就一直提倡俗语，这个时候，更是如鱼得水，在公众面前大谈俗语的好处，并且干脆自己的演讲就直接用俗语。

经过长久的训练，但丁的演讲已经非常能够感染人，加上使用的修辞和俗语，人们怎么能够不为所动呢？最终，但丁以远超过第二名的极大优势当选为佛罗伦萨六大执政官之一。

这是但丁政治生涯最为辉煌的时代！但丁在就职演说中流下了热泪，激动得说话也不连贯。他只是承诺，一定要把佛罗伦萨建设好，用以报答全城人民的信任。

但丁在就任之初，就发现留给自己的城邦已经出现了很多的问题。其中，他认为有两件事情是亟待解决的。其一是党派斗争必须停止，城邦中的每一个人都必须和平相处，不能够相互争斗，哪怕是自己的家中。第二是建立一个机构来监督每一个人的行为是否符合城邦的法律，一旦发现了有谁违背，就应该依据规定得到应有的惩罚。

起初，但丁想要建立一个第三个政党来约束白党和黑党，这样的话，就能够产生一个第三势力来从中间制衡。但丁严密地制定了一个计划，从建立一个第三政党的可行性分析再到最后的建立之后如何运作。当一切准备之后，他在会上宣读了自己的构想。

没有想到的是，当时的执政官会议否决了但丁的设想，认为一旦第三政党建立，很可能使得国家更加分裂，最后甚至导致不可收拾的地步。如果需要从根本上解决政党纷争的现象，还是应该双管齐下，试图说服两大政党的领袖，为着建设城邦而协同作战。但丁听了会上其他人的发言，觉得也是有道理的，于是暂时取消了自己建立第三政党的计划，开始协调白党与黑党之间的关系。

但丁本就是白党中的人，故在白党方面遇到的阻力并不是很大，但是到了黑党方面，他们却不愿意对白党有丝毫的让步，认为两个政党是势不两立的。但丁从中斡旋，尽量从中立的角度，以城邦的利益为重，试图说服他们。经过三番五次的游说，但丁终于从黑党方面获得一个承诺，就是暂时不与白党发生过分的争斗。但丁欣喜若狂。

在建立机构方面，但丁取得各方面的支持，建立了一个市民监督部门，主要的职能是用来监督人们的日常行为，如果发现有违法犯罪的行为，可以直接送去审判团审判。这个部门由执政官直接任命官员，于是直接受到执政官的负责，权力比较独立，有利于机构的行动。另外，它还能够监督政府和两个党派的各个部门，有权利起诉政府中的人员，这样一来，政府人员必须接受自我的监督了。

正当但丁执政官的生涯劈波斩浪之时，发生了一件急迫的事情。当时的教皇逢尼发西第八想要扩张自己的势力，克罗尼家族挑起了一场战争，在这次的冲突中，教皇起初占有着主动权，但是随着克罗尼救援的到来，教皇开始落在下风了，于是，教皇赶紧向佛罗伦萨求救。

但丁接到求救的信件，立即召开了会议。在会议上，大部分的人都不同意发兵，认为这是教皇以一己之私而发起的冲突，这是不正义的战争，佛罗伦萨是不应该参战的。

但丁的意见与大会的意见是一致的。于是，但丁在会议中起草了一封回信，拒绝向教皇援兵。但丁没有考虑到，他的这种做法将会惹恼教皇，并且对于他自己的政治生涯造成重大的影响。

逢尼发西是一位刚愎自用的人，并且非常自负，宁可我负天下人，不可天下人负我。他看到但丁的回信，立即暴跳如雷，遣使者再次去求救援兵，并且要使者传口信说如果再不发兵，将来佛罗伦萨将会遇到灾难，暗示如果违抗命令，他将会进行报复。

但丁依然立即写了一封回绝的信。这时候加佛尔也在场，他担忧地说："您听到教皇使者的话了吧？"

但丁轻轻地走到窗前，轻轻地叹了一口气，说道："我自然是知道的，并且我也清楚我这样子做的后果会是什么，但是您替我想想，我认为坚持原则，维护正义是我的最高的准则，我怎么能够失信于人，拿自己城邦的士兵去做那违背上帝的事情！"

加佛尔坐在桌子旁边，眼睛得大大的，似乎不再认识但丁。好一会儿，他站起来，走到但丁的身边，然后轻轻地拍拍但丁的肩膀，说道："我知道您的苦楚，我也知道您坚持的东西，我会一直支持你到底！"

但丁转过脸来，看到加佛尔坚毅的面孔，心中涌起一股热潮，忍不住流下泪来。

但丁毅然把回绝的话叫使者传递给教皇。佛罗伦萨的人们听到但丁这一义举，都为但丁欢呼，但丁出现在聚会的场所，人们都为他的勇气举杯，但丁觉得，即使将来的道路并不好走，但是现在得到了那么多人的支持，也是很满足的。

是的，此刻，但丁的政治生涯真正达到了顶峰，人们认为他是一名富有智慧和魄力的城邦战士，为了维护城邦的利益而不顾自己的安危。但丁每一次在民众中发表演讲，总能够吸引无数的人前来，挤得道路水泄不通；每当他在市政厅里主持政事，总会有大部分的人支持他的意见，认为但丁是一位圣者，跟着他走，就是跟着真理。

而在另一方面，教皇的确彻底被但丁的行为激怒了。教皇认为自己的权威受到了极大的损害，自己的尊严也遭到了小小的城邦执政官的践踏，他想着办法如何处罚这位不知道天高地厚的人，最后，他找到了佛罗伦萨的黑党。

等待着但丁的，将会是什么呢？

4. 初次打击

> 请驻足稍待，看看清楚，谁的痛苦竟像我的那样严重。
>
> ——《新生》

荣誉的光环笼罩着但丁的生活，欢呼声就是在梦中也没有离开过，但丁迷醉了，他在私下不无得意地与自己的好友说："我的命运是被上帝拣选的，我将要代替凯撒完成没有完成的事业！"

福兮祸之所伏。彻底沉醉在自己的伟大创造中的人是不易察觉自己身边的危险的。安逸的环境容易让我们失去基本的判断力，让我们过高地评价自己的能力，以为自己从此将会无往不顺利。历史上太多的人都是毁在这样的情况之中了。但是又有谁能够吸取这样的教训呢？

有着哲学家和艺术家双重头脑的但丁依然没有摆脱荣誉的诱惑，并且在其中逐渐地迷失了。但丁几乎认为自己是可以与希腊的亚历山大齐名了。他以为在自己的统治之下，佛罗伦萨必然会很快地走向繁荣，并且一直保持着和平。

只是，在平静的表面下，暗波在涌动。逢尼发西教皇自从上次的请兵要求被直接拒绝之后，一直就耿耿于怀，想着办法报复但丁。他逐渐地了解到在佛罗伦萨有着黑党与白党之争，于是就计上心来。

他派遣使者到佛罗伦萨，把黑党的领袖切尔奇请到自己的身边，对他说："您好啊，大人！"

切尔奇被教皇邀请就感到荣幸万分，这次又听到教皇称自己为大人，简直有一些不相信自己的耳朵，连忙跪下来，说道："尊贵的教皇，您请我来这里真是我的荣幸，您有任何的要求，只要我能够办到，必将会尽力而为。"

教皇露出一道微笑，随即又消失了，走上前去扶起切尔奇，说道："您的功绩我早有耳闻，知道您是一个英明能干的人，我想，您的声誉应该传遍了整个佛罗伦萨了吧？"

切尔奇平时最爱听奉承的话，现在由教皇说出来，心中轻飘飘的，赶紧说道："我一点微薄之力哪里值得诉说，不过我对于佛罗伦萨的确是尽心尽力的，只是，只是……"

"只是什么？"教皇依然挂着淡淡的微笑："你直接说出来，并不会有任何的危险的。"

切尔奇知道这是一个很好的向教皇诉说自己的苦衷的时候，也许能够请教皇帮助自己几分。"我们佛罗伦萨有两个政党，除了我们黑党之外，就是那个可恶的白党。我们因为彼此政见不同而经常相互争斗——但是教皇大人，我可以坚定地告诉你，我们黑党是占有着正义的箭牌的。"切尔奇说到这，偷偷抬头看了看逢尼发西，看到了专注的眼神，就勇敢地说下去："本来，我们黑党一直是占据上风的，我们也有自己的行事的自由。但是，自从但丁——我们现在的执政官——上台之后，处处与我们作对，现在，我们已经快被逼得无路可走啦！"

教皇静静地听着切尔奇的诉说，心中实在是高兴。但是脸上依然不露声色，对着切尔奇说道："我知道您的情况了，我决定了，助你一臂之力！"

切尔奇没有想到教皇会主动提出帮助自己，真是惊喜万分，又跪下去连连称谢。教皇也就将计就计，说道："我知道您是一位有雄心有才能的人，不应该被敌人埋没了。我这次帮你，是为了让你能够更好地管理佛罗伦萨，让我们的意大利逐渐地走向富强。"

于是，两人又在一起商量了很久，准备着怎样对付白党，尤其是但丁，这位在他们看来是眼中钉肉中刺的人。

很快地，一年一度的圣约翰节到了，在这一天，人们按照风俗，带着各种各样的祭祀品去给佛罗伦萨的保护神上供，以求得来年的吉祥平安。在这一天，包括执政官在内的大部分官员都要走出市政大厦，到庙宇去上供，进行祭拜仪式。

也就在这一天，黑党领袖切尔奇联合了同样不满意但丁政策的多纳蒂家族，他们集合了一大批的贵族与富豪，一起等在了庙宇的前面。等到但丁他们一到，就开始行动。

但丁领着一大批的官员很快地就到了，他看到切尔奇和多纳蒂，知道有事情要发生了，但还是装作镇定地走向前去，很有礼貌地说："各位好，很高兴在这里遇到你们，如果可以，我们不妨一起来祭拜圣约翰，我们城邦的保护神！"

多纳蒂听到这种话，仿佛受到了莫大的侮辱，脸上的肌肉一动一动的，大声嚷道："祭拜个屁！如果没有你，我们不知道生活得多么自由，但是自从你当政，我们的日子过得一天不如一天。我们要把你赶下台！"

这个时候，切尔奇也出来说话了："但丁先生，我们黑党为了佛罗伦萨做了多少的事情，我们打胜仗，我们维护社会的稳定，可是到头来我们什么都没有，反而落得个坏名声。你们总是喜欢用别人的荣耀来打扮自己，我们现在要重新夺回属于我们自己的荣誉！"

两个人说完，更多的人开始起哄，场面一派混乱。但丁声嘶力竭地叫喊也是无济于事。身旁的基独·加佛尔更是焦急，他一改平日的温文尔雅，也开始愤怒起来，大声地骂着对方故意寻衅，不讲道理。

很快局面变得不可收拾，双方都互不相让，一些性急的人开始推推搡搡，到了后来，干脆直接拉扯动手打起来。不久，双方都有不少的人受伤了。

这次侵犯执政官的事件影响很大，并且是在圣约翰的庙宇前，于是又多了一项亵神罪。虽然人们都知道这次是黑党寻衅，但是由于教皇当面说道双方都有责任，应该公平对待双方，于是审判团最后决定，惩罚所有在这次事件中动手打人的，包括加佛尔在内。而但丁，因为没有参与斗殴，所以即使是想要给但丁治罪的教皇也是没有办法。

但是这次的事情还是给了但丁很大的打击。一方面是他开始意识到自己的统治下有那么强烈的反对的声音，他的自尊心受到了巨大的冲击。之前以为自己德高望重的幻想破灭了。这是在心理上的打击。

还有一重更加直接和更加大的打击是他的至交好友加佛尔被判为永久流放，不得再回到佛罗伦萨。加佛尔与但丁是有着深厚的感情的，再说，加佛尔可以说是引着但丁走向了文学的道路，这种知遇之恩是难以报答的。

在离别的时候，两人痛哭流涕，难舍难分。加佛尔知道自己的未来将会遇到各种的艰难，但还是鼓励着但丁："我的好朋友，你自己要好好保重，要为着佛罗伦萨而战，永远站在正义的一边！"

但丁也是好言相劝："你记得多写诗，会有人赏识你，并且把你接回来的，你放心吧！"

于是，两人就此分别。

加佛尔到了流放地沙尔查纳，那里阴冷潮湿，并且被安排住在一个小茅屋里，只能够避避风遮遮雨。平时吃的饭也是简单而难以下咽。加佛尔从小就生活在贵族之家，受不了这样艰苦的环境，很快地，他的身体状况直线下降，不久就病了。

他感到全身发冷，没有丝毫的力气，开始频繁地咳嗽。再过了几天，加佛尔几乎不能够起身了，只能整天躺在床上，依然不断地咳嗽，有时候还咳出血来。

加佛尔患病的消息传到佛罗伦萨，但丁立即要求把加佛尔接回佛罗伦萨，得到批准后，但丁立即派遣使者前去迎接，但已经晚了，加佛尔已经与世长辞。

但丁听到自己的好友就这样离去了，三天没有吃东西，只是把自己关在房间里。但丁是多么痛苦啊！他知道，加佛尔的死既是让自己失去了一位好友，也是给自己敲响了一个警钟，自己的未来也许也像加佛尔一般！

我们的诗人骄傲的步伐受到了第一次重大的打击。

第四章　放逐

1. 阴谋与爱情

> 这三样东西，即安全、爱情和美德，正是应该用最为严肃的方式予以表现的。
>
> ——《飨宴》

佛罗伦萨在时代的洪流中向前迈步，越来越多的商人开始出现在城市的不同角落。他们带动了城市各个行业的繁荣。在佛罗伦萨的街头，经常可以看到来自欧洲各处的商品，它们销往佛罗伦萨的普通人家。初到佛罗伦萨的人会觉得这是一个国际化的大都市，它是那样的繁荣，那样的让人迷醉。

然而，很多人并不知道，佛罗伦萨整天在明争暗斗，各个家族为了自己的利益而与别的家族发生大大小小的冲突，白党与黑党之间从来就没有真正达成长久的和平。这样的情况在一般人是看不到的，只有身处其间的人才能够感受到佛罗伦萨背后的残酷。

但丁自从加佛尔死后，很长的时间里又对自己的未来产生了怀疑，他所遇到的阻力开始清晰地显示在面前，有些让他手足无措，又有些让他感到惧怕。他实在找不出更好的办法应对这样的局面。

在教皇这一边，却是加紧着筹划怎样推倒但丁的统治。切尔奇频繁地到教皇那里去，听取新的命令。

这天，切尔奇又接到教皇的紧急传令。他赶忙赶到逢尼发西的地方，谦卑地问道："最贵的教皇，您传呼我是否有紧急的事情？我一定会尽力完成，让您满意。"

教皇依旧保持着他似笑非笑的表情，对着切尔奇不紧不慢地说："我听说您有一位远房的亲戚，名字叫作盖玛，她人长得不错是不是？"

切尔奇一听，心中一震："莫不是教皇起了世俗之念，想要娶了我的那个远房的亲戚？这可是违背上帝旨意的事情啊，我该如何呢？哎，反正是教皇吩咐的，我只管如实回答就是了。"于是，低着头说："我是有这么一个亲戚，她算是我的侄女，人长得俊美，人见人爱。"

教皇眉开眼笑，很是满意地说："很好，很好，你把她带到我这边，我有话跟她说。"

切尔奇在心中涌起一阵惧怕，但是随即又对教皇的这种公开的犯禁感到气愤，只是以自己现在的身份，还不敢公开自己的意见，只能够在心中怨恨罢了。于是，丝毫不露声色地说："是，我一定遵照你说的，写一封信给她，叫她马上到您的面前，好好听令于您。"

教皇似乎听出了切尔奇的言外之意，哈哈大笑，说道："你是否以为我看上了你那位远房亲戚？"教皇看着切尔奇，切尔奇哪里敢抬起头来？于是教皇继续说道："你误解我啦，我是想利用你的侄女，让她与但丁结婚，表面上看，你就与他联姻了，实际上，我是要麻痹他的意志，让他放松对于政事的关心，让他逐渐地走向堕落！"

切尔奇听到教皇的用意，觉得这个教皇实在是阴险，但还是把这种话藏在心中，嘴上说道："教皇真是英明，这种美人之计肯定能够奏效的，我们看看历史上，就是凯撒也不能够逃出美人的诱惑！"切尔奇说到这里，又觉得很是对不起这个侄女，但是为了能够最后推翻但丁，自己掌权，这点牺牲又算得了什么呢？

教皇看到切尔奇并没有反对的意思，于是就吩咐切尔奇即刻就去办理。于是，一场大阴谋就这样敲定了。

依据切尔奇的周密安排，在一次执政官与群臣的见面宴会中，但丁与这位肩负着重大使命的人——盖玛见面了。盖玛主动地上前与但丁攀谈，她其实没有什么学识，对于诗歌并不懂得半分，而对于艺术或者哲学，更是不感兴趣。她有的武器只是自己的美貌和撒娇的能力。

但丁刚刚看到盖玛,就深深地被她的美貌打动了。但丁觉得眼前出现的人比自己的初恋情人比亚翠丝美得多了,就像是天上的仙女下凡,一身洁白的长裙,红润的脸蛋,一头长长的头发就像是瀑布一般直垂下来。

借着自己的名誉与地位,但丁很快地就与盖玛相识了,两人开始约会。盖玛告诉但丁,自己早就仰慕他很久了,一直就想要找一个机会与他见面,但是没有找到,这次能够与他见面,真是三生有幸。

听着娇滴滴的声音,但丁感觉自己的心已经被融化了,已经没有丝毫的抗拒之力。他深深地被盖玛吸引,一个月之后,但丁正式向盖玛求婚了。盖玛装作受宠若惊的样子:"您是说真的吗?执政官大人,我真是太高兴了,我愿意一辈子做你的奴仆,从来没有妄想过做您的妻子啊!这真是上帝的旨意吗?"

"是的。我以我的名誉承诺,我已经被你俘虏,我不能够再摆脱您温柔的怀抱了,您愿意做我的妻子吗?我们即刻结婚。"

"我当然愿意,但丁先生!"盖玛兴奋异常,"我只怕你会嫌弃我!"

"我会一直爱你,我会写最优美的诗歌给你,在月光下为你诵读。"但丁深情地说:"您知道,我只是恨为什么没有能够早一些认识你,不然我们现在就会有孩子啦,而我也一定已经为你写了无数的诗歌。"

于是,但丁迎来了自己的婚姻。人啊,多么的懦弱!即使是充满智慧的头脑,在美色面前依然失去了基本的判断力。没有禁受住考验。

只是,我们也不必要太为但丁担心,因为事情并没有按照教皇的预想去发展。盖玛自从结婚之后,只是安心地照料家庭,真的把但丁看作是自己的丈夫,还认为他英俊聪慧,能够在艺术与政治上同时拥有高超的才能。

切尔奇对于盖玛的行为并没有感到多么气愤，因为在他的心中，这位远房的侄女毕竟是自己的亲人，本来自己包办了她的婚姻，已经是自己有错在先，觉得心中有愧，于是就默认了。

最为气愤的是教皇，他真是暴跳如雷，简直气炸了自己的肺，但是又无可奈何。只能够拿自己的下手出气。这位教皇还是上帝的仆人，却处处违背上帝的旨意，最后遭到迫害致死，也算是一种报应吧。

其实关于盖玛，有些人认为并不是一个政治阴谋，她只是在一次偶然的会面之后深深地被但丁的形象吸引。但丁也被她的美貌所折服。只是，盖玛是切尔奇的侄女，由于仇恨，盖玛的家庭很是反对。但是盖玛是一位勇敢的女性，她最后冲破了各种阻挠，与但丁结合在一起。

不管如何，但丁的这次婚姻还是给但丁带来了诸多的烦恼。但丁是一位嗜书如命的人，他把自己的时间除了花在政事上，就是花在了读书上。但是自从结婚之后，但丁必须花很多的时间取悦自己的妻子，必须陪着盖玛去出席各种沙龙聚会。这让但丁很是苦恼。

而且，由于盖玛对于文学基本上是不懂的，对于政治根本就是不感兴趣，当时爱上但丁多半是因为一时的冲动。婚后，也并不理解但丁创作，更不用说欣赏但丁的作品了。于是，两个人的心灵的沟通越来越少，彼此也没有多少话可以说，两个人的关系很快地就冷下来。

另一方面，但丁是一个喜怒直接表现在外面的人，没有结婚之前，但丁可以随意地表达自己，但是结婚之后，必须要考虑到妻子的感受，于是很多的时候就需要演绎自己的感受，这让但丁很是受不了，两个人为此没有少吵架。

但丁的婚姻是一段不幸，两个人后来总算是生儿育女，但是始终并不怎么和谐。不管怎么说，教皇想要借此机会让但丁下台的阴谋没有达到，但是也的确让但丁心力交瘁，耗费了很多的心智。

2. 佛罗伦萨恶霸

> 世人的意志屈从于诱人的青春欢乐，需要加以引导。
> ——《王国论》

现在应该介绍一下佛罗伦萨的一个恶霸了，就是他，直接导致了伟大的诗人与政治家但丁的被流放。如果说，切尔奇作为黑党的领袖，曾经千方百计要铲除但丁，但是始终是没有得逞；这个佛罗伦萨恶霸却是比切尔奇更加残忍百倍，他不惜引进外敌，让法国军队开进佛罗伦萨，为的是让自己的势力能够得到伸张，同时铲除异己，包括但丁。

他的名字叫作科索·多纳蒂。

科索的一生都在争斗，有时候是在战场上直接冲锋陷阵，有时候是在会议桌的前面用自己的嘴与别人较量。科索从来不会认输，并且坚信自己会赢。有一次，他重病在床，几乎已经不能够再爬起来。就在这时，来了一个人，他是科索的仇家，本来想着趁科索重病，过来羞辱一番。

但是事情的发展令所有人出乎意料。科索居然硬是让自己的仆人搀扶着，然后拔出自己的剑，摇摇晃晃地走出房间，见到自己的仇人，立刻就要冲撞过去。他的仇家看到这个阵势，也确实受到了惊吓，赶忙退了回去。

结果，科索病情加重，简直濒临死亡，在床上多躺了几乎半个年头。但是科索非常得意自己的表现。几次在别人的面前夸耀："荣誉啊，我的荣誉！"

据说科索最后是被一个西班牙士兵杀死的。据有些人传言，当时科索一个人来到郊外，身上配着一把宝剑。这个时候，一队西班牙士兵发现了科索，也许是他们的伙伴曾经被科索杀死，这一队士兵见到科索就咬牙切齿，都冲上前去。

科索在这么多人的围攻下镇定自若，他明知道自己不可能独自战胜他们，但是始终不愿意在这样的情况下逃跑。他觉得在一群士兵的面前退却还不如拔剑自杀。

结果就是，这一队士兵把科索的脑袋取了下来，然后把他的整个尸体剁成碎片，喂给了狗。

科索作为多纳蒂家族的重要人物，拥有很大的权威。他参与了很多的佛罗伦萨的事件。甚至有人说，如果没有科索，那么佛罗伦萨将会变得死气沉沉。

科索对于但丁和白党也是深恶痛绝的。在他的眼中，但丁就是一位好管闲事的人，整天在宣传自由和公民掌权，而把自己的势力不断地削弱。白党也坚持着但丁的政策，与自己作对。于是，科索与切尔奇自然就走到了一起，共同维护自己的利益，反对以但丁为首的白党。

科索的头脑中运转着可怕的念头。他既然是佛罗伦萨的恶霸，那么，在他的眼中，只有自己的利益，人民的死活是与他无关的，只要能够让自己的势力范围不断地扩大，那么什么事情都是可以干的。

科索分析了现在的形势。他发现法国的军队正驻扎在意大利境内，而与教皇商量一些宗教上的事情。科索马上想到借助法国的力量一举歼灭白党，这样，让黑党掌握佛罗伦萨的政权，不就是一个完美的结局吗？他并不会去想，引进法国军队，那么佛罗伦萨不就将永远受到法国的牵制？

科索想到这里，立即来到罗马，要觐见教皇逢尼发西。这时，逢尼发西正为佛罗伦萨的问题而发愁。一方面是想要报复佛罗伦萨上次对于自己的无礼，另外一方面也实在想要把佛罗伦萨掌握在自己的控制之下，这样只能够让听命于自己的人的管理佛罗伦萨，但是现在是白党掌权。

教皇见到科索，真可谓"相见恨晚"，两个人是一样的为着自己的利益可以出卖其他任何的东西，并且在做决定的时候一样的残忍和冷酷。教皇听到了科索的设想之后，沉思了一下，他想到了法国军队一旦进入意大利，那么该如何处理？但是教皇只是想了一下而已，并没有犹豫太久，他被科索描绘的巨大的前景吸引住了，于是，答应支持科索。

教皇毕竟没有科索果决，就在他发布邀请法国军队主帅加尔·伐路华亲王进入佛罗伦萨的时候，他觉得还是应该发布最后通牒，警告佛罗伦萨的政客们，如果愿意听从教皇的调遣，那么教皇一定保证佛罗伦萨的安全，如果依然保持着强硬的态度，那么法国的军队将会直接开进佛罗伦萨的街头。

但丁召开紧急会议，要求市政厅做出决定。市政厅大部分的人都认为不应该答应，因为一旦同意了教皇的要求，那么就意味着同意放弃自己的几乎所有的政策，自己推行已久的对于政治上的民主改革将会付诸东流。

"我们就像上次拒绝派兵一样，直接回绝了教皇！"有人高声说道。

"对，我们宁可拼死一战，也不愿意屈服于教皇，在教皇的命令之下，我们就像亡国奴一般，将会失去自由，而且教皇将会大肆掠夺我们城邦的资源为自己所用！"

"可是，事情可能并没有我们想象得那么简单。"但丁低沉着声音说，"现在的问题是，如果我们答应了教皇，那么我们将会受到教皇的控制；而我们不答应教皇，教皇必然会让法国军队进驻佛罗伦萨，那个时候，我们必然没有能力抵挡，只能够任法国的军队欺辱了。"但丁说到最后，眼圈红红的，他似乎看到了被人凌辱的自己的城民。

大家彼此沉默着，都不知道怎么样面对这种局面。突然，有一个人打破了沉默，他就是马索·米奈贝蒂，佛罗伦萨一位德高望重的执政官之一，"我们可以这样，派三个人亲自去一趟罗马，去与教皇谈判，只要我们能够用真诚的言语相劝，我想，教皇也会怜悯佛罗伦萨的众多的百姓的。"

大家一听，觉得也只能够这样了。与教皇谈判，虽然希望渺茫，但是在没有其他的更好的办法的情况之下，也只能够如此。

接下来的问题是，派谁去？大家都知道逢尼发西是一位非常残暴的教皇，很多人说只要是哪一个人没有顺从他的意思，很快就会受到或重或轻的惩罚。而对于使者，更是不留情面，有一次，因为一位来使有些傲慢，他就直接把他拖出门外杀死了。

"我去。"大家听到这一坚定的声音，都沿着声音的方向看去，果然不出所料，正是但丁。但丁说着就站了出来，并且对着大家说道："我们这次是为了整个佛罗伦萨而战斗，我即使是付出自己的生命，也是在所不惜的。"说到这里，但丁的声音更加豪迈了，"请问，在座的各位还有谁愿意跟着我，一起去为佛罗伦萨而战斗的？"

但丁的声音的余音还没有消失，就有一个人站了起来。他就是基独·乌巴蒂，是基独·加佛尔的同胞弟弟。他脸上露出坚毅的神色，显然是做好了有去无回的打算。他心中想道自己的哥哥能够为着城邦的兴亡而战，自己也是不愿落后的。但丁用赞许的眼光看了看乌巴蒂。

"还有谁吗？"但丁环顾四周，很多的人都低着自己的头，他们没有勇气站出来，自然害怕遇到但丁的眼光。但丁等了好久，依然是没有声音，于是又喊了一遍："还有谁愿意跟着我们的吗？"

就在这时，一个苍老的声音传来，是的他正是马索·米奈贝蒂。马索站起来，镇定地说道："我已经老啦，但是还想为我们的城邦，为了我们的人民最后做一点有意义的事情，就算我一份吧！"

众人看到马索也要求去，心中又是一震，因为马索都是将近七十岁了。马索因为一直都在战场上拼打，练就了一身的钢筋铁骨，看上去才不显得太苍老。

"您？我相信您的能力与谈判的能力，但是您上了年纪，能够忍受长途的跋涉么？"但丁有些担忧地说。

"我有什么问题啊？我身体硬朗得很，完全没有问题。相信我吧！"马索面带微笑，只向但丁和乌巴蒂看过来。

两个人看到马索坚定的样子，也不再阻拦了，再说，马索之外的其他人似乎也没有想去的意愿了。但丁心中又是安慰又是一阵酸楚。安慰的是现在三个人选已经选定了，酸楚的是自己的国家就要遭到外族的蹂躏，但是那么多的人却依然是明哲保身的态度，这实在有些让他痛心。

于是，三个人就此决定，明天就出发，去罗马与逢尼发西教皇谈判。

3. 谈判之路

"法"不是别的，正是衡量必要做的事的公平尺度。
——《缮宴》

但丁一行人向着罗马进发了。这是一次视死如归的行程。他们知道，教皇是一位残暴的君主，可以完全置于上帝的诚命于不顾。即使此行不会遇到任何的人身的危险，那么，又真的会有什么好的结果吗？教皇会听从劝告吗？这些问题一直萦绕在但丁以及马索和乌巴蒂的头脑中。

是的，此次的谈判之行，与其说是谈判，还不如说是劝说，因为但丁实在没有什么条件可以用来交换，以使得教皇放弃攻打佛罗伦萨。但是，不管如何，为了佛罗伦萨，还是应该去尝试一下的。

三个人在路上很少说话，还是乌巴蒂忍不住先开口了："我在想，要是教皇不同意我们的劝说，那该如何？"

但丁听到乌巴蒂的话，没有抬头，也没有看他，继续走自己的路，只是默默地数着自己的脚步。是啊，这个问题他也不止一次地问过自己，但是都没有一个答案。如果不答应，我们又能够如何呢？难道我们只能够任人凌辱么？

"我们不论如何都要捍卫自己的荣誉，捍卫佛罗伦萨的荣誉！"马索依然是苍老的声音，声音中依然透露着坚定。

"没错，我们无论如何都要坚定自己的信念，决不让佛罗伦萨遭受到半点的耻辱。"但丁也接着附和道。但丁说完，心中似乎畅快多了。是啊，这次的谈判之行，之所以在没有什么希望的时候依然要坚定前行，就是为了不让自己的城邦受到耻辱啊！即使是会失败，也要冲上前去！即使是没有好的结果，依然不能够轻言放弃！

乌巴蒂知道两位年长的人说的话的意思，他也很清楚两位心中想的是什么。因为他觉得，自己也正是抱着这种信念而走上了这条道路的。只要有自己在，就不能够让佛罗伦萨白白受人欺凌！

三个人终于来到了罗马。他们来不及休息，就直接到了逢尼发西所在的住所。见到逢尼发西，三个人都惊呆了。因为出现在他们面前的，简直就是一个不折不扣的基督教徒！

他们来到的时候，刚好看到逢尼发西在做祷告。他跪在十字架前面，深深地低下头去，然后在口中念念有词："全能的上帝啊，求你赐福给所有的意大利人民，让他们都能够平安、喜乐，都能够得到您的应许，实现自己的愿望……"

三个人站在门口，丝毫不愿意打扰教皇的祈祷。等了好一会儿，逢尼发西终于结束自己的祷告，站起身来，转身见到但丁三人，先是一阵惊愕，随即恢复了镇定，于是露出笑脸，温和地说道："感谢上帝，让我在这个时候有幸遇到你们。我想，这位就是但丁先生吧？您的威名早已经传遍了整个意大利了！"

但丁看到教皇慈善的模样，又听到他对自己赞扬有加，于是在心中的敌意也消了大半。于是恭敬地说道："我就是但丁，很高兴见到您，教皇大人。"

教皇请三位入座之后，又询问了三个人在路途中的情况，显得关心有加，一点都不像是残暴之人。

乌巴蒂性子急躁，他觉得教皇一定是故意装出这样子的慈善，实际上是为了掩盖自己的野心与内心的邪恶。他大声说道："请问教皇，为什么您要突然邀请法国的军队进驻佛罗伦萨？这不是要让佛罗伦萨落入他人之手？"

教皇看了看这位年轻人，脸上闪现了一阵厌恶的神色，随即又脸带笑容地说道："这位年轻人说得严重了。我并没有让法国的军队进入佛罗伦萨，我只是想让他们帮助你们城邦抵御外敌而已，没有恶意的。"

但丁也忍不住了："法国的军队就要打进佛罗伦萨了，我们的城市中的人民都担心他们会糟蹋了城邦。"

教皇狡猾地微微一笑，又温和地说道："法国一向喜欢交友不喜欢树敌，我想他们也不会主动惹麻烦。不过，个别的士兵也许不服从管教，私自去冒犯百姓也是有可能的。"教皇说到这里，故意顿了顿，查看一下三个人的神色。

他看到三个人脸上都露出不愉快的表情，于是继续慢悠悠地说道："我知道你们都挺担心，我有一个法子，你们想不想知道？"

三个人听到教皇会主动提供帮助，都在心中一阵高兴。但丁首先说道："谢谢教皇，敢问是什么样的办法？"

教皇沉思了一会儿，然后说道："这个，不太好说。"又停了一下，好像的确比较艰难的样子，"你们知道，我一旦帮助了你们，势必让法国方面不乐意，这样的话，我付出的代价就很高了。不过，只要你们答应，此后你们佛罗伦萨听命于我的调遣，不能够做有违于我的事情，那么一切都是好商量的。"

三个人一听，立即怒气从胸中往上冒，教皇拐弯抹角，还是要求我们听命于他！这在三个人看来，怎么可以接受呢？

"我们佛罗伦萨拥有自己的独立权，我们做事情应该是为了自己的城邦的，您可以对我们的管理提出建议，但是要我们直接地听命于你，却是不行的。"但丁也不再保留，直接表明了态度。

"你们……"教皇显然没有想到但丁会这么直接就拒绝自己,这让他又想起前两次的拒绝了。逢尼发西就像是又遭受到了一场巨大的侮辱,就要大发雷霆,但是想到自己尊贵的身份,还是忍住了。

"好,我知道你们或许也是为了佛罗伦萨考虑,那么这样的话,我们改日再谈吧!今天我也挺累了。"教皇说着,就要离开自己的位置,到自己的房间里去休息了。

但丁三个人知道这次的谈判不可能再有什么进展,但还是不甘心就这么回去了,于是,就按着教皇的安排,先在罗马住几天,看看事情会怎样发展,也许教皇会改变自己的主意呢。

教皇回到自己的卧室,立即忍不住了,大发雷霆,把家里的东西摔得满地都是。正在这时,科索·多纳蒂走进来了。他看到满地的碎东西,不说也明白了事情的大半。于是,赶紧走上前去,扶住教皇,用焦急的口气说道:"哎哟,教皇啊,您怎么生这么大的气呢?"

逢尼发西看到科索来了,立即大声吼道:"你去带领法国士兵,直接攻进佛罗伦萨,让他们吃吃苦头!"

科索本来可以直接答应下来,因为这是他等待已久的命令,但是他为了避免自己的莽撞,还是故意装作惊讶的样子,说道:"教皇,发生什么事情了,让您这么快就做出决定了?"

于是,教皇将刚才发生的事情又大致说了一遍,教皇说着说着,似乎又听到但丁拒绝自己时候的神气,于是大骂起来:"但丁!你等着瞧,我会叫你知道我的厉害,我将要把你放逐,把你发配到边远的地方,让你永世不能回到佛罗伦萨!"

科索看到教皇生气,在旁边表现出着急的样子,说道:"教皇,您也想想上帝的慈悲,我想,正义是始终会得到伸张的,该受到惩罚的始终会受到惩罚。"接着又说:"您是一位英明的主,上帝也因为你而感到喜悦。您应该包容那些无知的人,并且给他们一些惩罚,让他们知道您的威严。"

教皇听到这样的奉承,也开始微微有些消了气,说道:"好,你就去办吧,你作为全军的统帅,把军队开进佛罗伦萨,把白党赶下台,从此由你们黑党控制整个佛罗伦萨。"

"科索领命。"说着,便拜了两拜,退了出去。

等待着佛罗伦萨的将是黑暗的来临了。

4. 教皇之锤

> 我对于自己遭遇流放生涯仍然认为是一桩光荣,因为从善行善值得尊重。
>
> ——《抒情诗》

夜半,佛罗伦萨城外聚集着无数的士兵。他们整装待发,只等着一声令下就冲进城去。而佛罗伦萨却沉浸在温柔的梦乡之中,整座城安静得很,就像是沉沉地睡去。可悲啊,几分钟之后,整座城将会充满喊杀之声,血腥的气味将会把梦境般的城市变成一座人间地狱。

"勇士们,给我冲啊!"这是发令官的声音,他的声音是雄壮的,让人觉得是冷酷的,没有一丝的柔情。没错,他就是科索·多纳蒂,他心中此刻只有一个愿望,就是尽快地冲进城去,然后把胜利的旗帜插进圣约翰庙宇的最高处。

兵将们就像是潮水一般涌进城里,佛罗伦萨惊醒了,他们还没有来得及拿起武器,敌人就已经来到了面前。众多的家庭顷刻之间就已经支离破碎,妻离子散。叫喊声夹杂着求救声成了今晚的主旋律。

可怕的场面!上帝在哪里?没有人知道,虔诚的基督徒只是不断地祷告,希望上帝能够出手相助,但是上帝还是没有发出一点援助。

一个晚上，科索·多纳蒂占领了整座城市。他站在圣约翰的神像前，骄傲地大声喊："我是佛罗伦萨的王，快来敬拜我吧！"

佛罗伦萨从此被科索和黑党所统治。切尔奇深深地佩服科索的勇敢，于是重重地褒奖了他。科索心中洋洋自得，认为自己真的就从此无敌于世间了。

就在此时，但丁还在罗马，对教皇还心怀希望，但愿他看在上帝的份上能够大发慈悲，免佛罗伦萨遭到洗劫。几天之后，当但丁听到佛罗伦萨已经被敌人攻进去，差一些晕过去。

他难以相信事情会来得这样快，就在昨天，教皇还仁慈地接待了他们，叫但丁不要心急，事情总是会解决的。没有想到，教皇已经下手！这就是刽子手的行径！但丁想立即找到教皇，要他给出一个正当的理由。

"你现在找教皇又有什么用？教皇已经不是教皇，而是撒旦！"但丁心中清醒过来。是的，有时候，人很难用自己的身份或者表面的姿态解释。每个人心中都隐藏着自己的秘密，又有谁能够知道呢？

但丁想要立即回到佛罗伦萨，可是现在这种情况又怎么能够？一方面，教皇把他们安排在市郊的一个别墅之中，事实上就是把他们软禁起来，另一方面，现在佛罗伦萨已经落入黑党手中，自己回去不是等于自投罗网吗？

乌巴蒂带着愤怒的眼神来到但丁的身边，说道："我们干脆就直接冲进教皇的房间，要他血债血还！"乌巴蒂说着，眼中闪烁着杀气。在旁边的马索拍了拍乌巴蒂的肩膀，要他冷静下来，说道："我们现在需要冷静，任何的轻举妄动都是会把自己送上绝路的，无谓的牺牲，是谁都不希望的。"

但丁抬头看看乌巴蒂，点点头，表示赞同。

但丁觉得时间过得慢极了，他心中哀痛之极，觉得像是临近了世界的末日，他实在不知道等着自己的将会是什么。除了等待，还有什么呢？

但丁想到自己的妻子和儿女,他们究竟怎么样了?有没有遭到敌人的杀害?哦,对了,自己的妻子正是切尔奇的侄女,这么说来应该是安全了。可是无数的家庭的妻子和儿女呢?他们都遭到了怎么样的毒手?但丁不愿意往下想。

就在三个人手足无措的时候,但丁听到门开了,之后听到乌巴蒂的愤怒的喊声:"你还敢来?你是来杀了我们的吗?如果不是,那么,我们就要把你杀了!"

但丁知道,这是教皇亲自来了。

教皇依然是面带笑容,只是这次并不是一个人,身边跟着十几个武士,手中各自拿着武器,随时准备着战斗。

"三位贵宾,你们这几天过得好吧?"教皇还是带着笑容,但是在但丁看来,里面充满了邪恶。

"教皇先生,请问你要把我们怎么样?"马索保持着自己镇定的姿态,对着教皇不卑不亢地说道。

"哈哈,其实我为人可是处处遵从上帝的诫命的。我并不想为难你们。现在佛罗伦萨已经不属于你们了,我在想,如果你们愿意臣服于我,以后都听我的差遣,那么我将会对你们网开一面,甚至会让你们继续在城邦之中担任重要的官职。"教皇慢悠悠地说道,声音中满含着轻蔑的味道。

"你别想了,教皇先生,我们是不会屈服的,即使你把刀子架在我的脖子上,或者要把我送上十字架。"但丁一字一顿,说得坚定而有力,一副凛然不可侵犯的样子。

教皇听到但丁这种口气说话,心中暗暗佩服,但是随即就想到,但丁终究是不肯屈服的了,自己这么做也是徒劳,于是,就说道:"好吧,既然你们心意已决,那么我也不多说了,等着你们的路自有审判团定夺,到时候可不要怪我。"

"谢谢你的提醒,教皇先生,我们不会让你有所后悔的。"乌巴蒂愤愤地说。

教皇此时已经背转身子,就要离开,听到乌巴蒂的话,着实又气又恨，但还是觉得在这三个人面前应该保持基本的体面，于是还是强挤出一个微笑说道："年轻人，话先不要说得那么绝对。我随时等候你们忏悔自己的过错。"

教皇强压着自己心中的火气，直接来到了审判庭，这里已经处死了无数的被称为宗教异端的人了。现在这里正在审判着但丁和乌巴蒂以及马索三人。由于教皇的安排，这次的审判并不需要邀请当事人，甚至对他们进行了保密。

教皇走进去的时候，审判基本上已经结束了，教皇叫住最高审判官，问他定了但丁什么样的罪名。审判官支支吾吾，不知道如何回答教皇。

"快说！"教皇显然没有消去刚才的愤怒，说得很重。审判官吓了一跳，以为是自己惹怒了教皇，战战兢兢地说："我们实在是找不出什么太大的罪名，所以，只是想拘留他一段日子……"

"什么？你们把这么一位违背上帝旨意的人只是拘留？"教皇简直是气炸了肺，大声吼着，"我认为但丁是一位叛徒、亵渎神，是背弃自己祖国的十恶不赦的人，应该判……应该判决永久流放！"

审判官一听，心中知道这是教皇在公报私仇，是想着借此机会把但丁除去，于是就随意地罗织罪名。但是在教皇面前，自己能够说什么呢？只能够唯唯诺诺地说道："我们会考虑的，教皇大人。"

教皇听到这么毕恭毕敬的话，心中稍稍畅快了一些，咬着牙说道："但丁，你的好日子即将结束了，你就等着上帝给你的惩罚吧！"脸上露出了冷酷的笑容。

几天之后，审判结果出来了，三个人一起被判决终身流放，不准再回到佛罗伦萨。但丁听到这个判决，并没有感到惊讶，因为他知道，教皇一定不会让他们有什么好结果的，没有判决死刑已经是万幸了。

只是但丁的心中还是产生了莫名的忧伤。是啊，现在自己已经

37岁了，就要离开自己的国家，那是养育了自己的土地啊！佛罗伦萨，给了自己诗歌的养分，使得自己写出一首首优美的诗歌。

还有，佛罗伦萨还有自己的梦想，自己不是一直在追求建立一个自由的国家吗？在那里，人们可以自由地发表意见，表达自己的政治诉求。可是现在，自己的努力已经功亏一篑了！

别了，佛罗伦萨！

第五章 希望与绝望

1. 罪上加罪

　　一个懒惰的人应当受些刺激，因为他还不急于去利用他醒后的光阴。

　　　　　　　　　　　　　　　　——《神曲·炼狱》

　　在一个善恶不分、是非颠倒的年代，坚持正义的人往往会遭受到不公正的待遇，遭到迫害，以至于遭到杀身之祸。这在历史上频繁上演，屡见不鲜。善良的人不禁发出痛苦的质疑：这是为什么？上帝为什么不出手，为什么不阻止这样的不公平？

　　但丁依然滞留在罗马。乌巴蒂和马索先后被送到别的地方了，现在只剩下了但丁一个人。没有人陪伴的日子里，只能够以自己的幻想为伙伴，聊以度日。但丁想写一点东西，但是在这悲哀的心情下，又哪里有什么诗意呢？

　　但丁每日翘首以待，等待着从佛罗伦萨的消息。会不会有出乎意料的事情发生呢？自己会不会突然被无罪释放，然后被允许回到自己的国家，然后重新为着自己的祖国与人民奋斗？

　　诗人毕竟是诗人，在这样的绝境之下依然充满了对于未来的想象。但是现实终归是现实，但丁没有等到好消息，更没有等到自己被释放的消息。每天传到他耳朵里的，只是某某人家被黑党抄家了，妻子被强暴了，或者某某家的丈夫因为抵抗了敌人，被订上了十字架。

　　但丁几乎彻底失去了希望了，他越发呆呆地看着远方，一句话也不说，也不出去走走，此时大好的春日在他的眼中更是成了怒气的导火线。

　　自己的妻子究竟怎么样了？但丁几次催促自己身边的朋友打

听，最后得知真的没有受到任何的不公正的待遇，才算是放了心。是啊，自己的妻子虽然是敌人的侄女，但是这么多年以来，的确是为了自己和家庭而尽力操劳，有人传言她是教皇使的离间计，但丁是不信的。

一天，但丁又一个人坐在门口发呆，马索出现在他的面前。但丁喜出望外，以为是自己做梦，当马索握住自己的手，并且真切地看到他眼中的泪水的时候，才真的确信没有做梦，于是赶紧把马索让进屋子。

马索盯着但丁看了好久，总算又打开了他越发苍老的声音："但丁先生，你最近还好吗？"

这是一句简单的问候，但是在但丁耳朵里，却是产生了巨大的作用，因为这一个月以来，自己只是生活在痛苦之中，没有人来关心自己，现在突然有一位老朋友过来，心中产生了莫大的感动，几乎说不出话来，只是默默地点点头，泪水也在眼中直打转。

"我很好，我没事。你们如何？"但丁的声音中带着一些悲凉，又带着一丝的温情。

"我和乌巴蒂被安排在一起，我们平时都是一起商量着怎么样才能够回到佛罗伦萨，与自己的亲人相聚，但是苦于没有办法。"马索说到这，声音有些哽咽了，"我们也一直在打听您的住所，好容易才打听到，于是我就来找你了。"

但丁心中除了感动，除了紧紧地抓住马索的手，还有什么更能够表达心中的感激呢？

只是，马索突然又挣脱了但丁的手，大肆地哭起来。但丁看到马索年纪已经一大把了，却哭得这么伤心，不禁也是悲从中来。于是也在旁边默默地流着泪。

"我在来您这里的路上听到一则消息，不知道是不是真实的。如果……如果是真的，那么，那么……"马索越说越悲痛，最后终于说不下去了。

但丁觉得一定是一个非同寻常的消息，要不，马索怎么会如此伤心？莫不是自己的妻子被抓走了？或者是白党的同胞们都已经被处决？但丁胡思乱想了一下子，还是不知道会有什么事情发生，又不便于追问，于是，只能够等着马索自己说出来。

马索停了好一会儿，才继续说道："您听了之后也别一定当真，也许只是谣言呢。"马索看了看但丁的脸，继续说道："我在路上的时候，听到几个行人，像是佛罗伦萨出来的，他们在小声地议论着什么，我当时并没有注意，但是我在他们的声音中听到了您的名字！"

但丁听到这里，知道马索一定听到了关于自己的一些消息。这样，但丁反而觉得轻松了很多，因为这说明接下来即使是坏消息，也没有关系到其他人。

马索继续说道："我静静地跟随在他们的身后，听他们究竟在说什么。"马索说到这里，更是充满了忧伤，抹了抹眼泪，接着说："我听到，我听到他们说，您……您被二审判决将要……将要执行火刑！"

马索说完，像是用尽了所有的力气，已经是气喘吁吁，终于又大声地哭起来。但丁听到"火刑"两个字，一时之间也是心中一震，有一种大祸临头的感觉。但丁之前也想过自己有可能会被处死，但之前毕竟是猜疑，还是怀着侥幸的心理的，这次却是在自己的好友口中亲耳听到，真如晴空霹雳一般。

两个人久久地沉默。马索知道，但丁一下子实在是难以接受这一现实，但是自己又能够做一些什么呢？现在已经自身难保，又谈什么救别人！马索轻轻地说道："也许这只是谣言罢了，也并不一定是真的，您也别放在心上！"

马索说完，但丁还是没有说话，只是死死地盯着远方，眼神却是迷茫的。马索在身边又说道："那帮人真是残酷至极，他们想要赶尽杀绝啊！"

但丁还是没有说什么。此时他的心中也并没有太多的悲伤了，只是觉得自己的生命即将结束，而且是断送在贼人的手中！这对于一位胸怀理想的诗人而言，怎么能够接受呢？现实实在是太残酷，为什么正义总是会落败在邪恶的手中呢？

好久之后，但丁终于点了点头，冷冷地说道："我知道了，这也许是真的，对于他们而言，留下我终究是一种祸患，他们是不会放心的。"

马索想要说一些什么安慰一下，又实在找不到好的言语，只好默默地坐在旁边，用眼神鼓励着自己的朋友，像是在说，不管什么时候，您都还有值得相信的人。

正当马索觉得不知道怎么办的时候，但丁突然站起身子，手臂一挥，大义凛然地说道："不，我们不能够坐以待毙，我们也要反抗！"

马索被但丁的这一突然的反应吓了一跳，但是随即又镇定下来，也跟随着但丁站起来，在旁边问道："我们？反抗？"

但丁转过脸来，马索看到的是一张像是以前一样，不，分明是比以前更加坚毅的脸。"是的，没有错，我们要反抗！我们得行动起来，把自己的敌人重新赶走，夺回我们自己的土地！"

马索完全被弄糊涂了，问道："你是说我们？我们两个？"马索心中，现在只是剩下他们两个，最多就叫上乌巴蒂，三个人如何能够反抗强大的已经占领佛罗伦萨的黑党？何况，在黑党的背后，还有法国军队和教皇撑腰？

马索静静地观察着但丁的反应，他以为但丁听到自己即将处死的消息之后，就抱着完全非理性的思想了。就想劝说但丁不要做这种无谓的牺牲，不如趁着现在的机会，逃到一个没有人知道的地方，度过自己剩下的日子。

还没有等到马索开口，但丁就大笑起来，"马索，你以为我是要自己一个人冲进佛罗伦萨去？那跟送死有什么区别？"

马索听到但丁这么说，心中稍稍放松了一下子，但还是不能够明白但丁指的是什么样的方式进行反抗。他们现在毕竟是孤家寡人一般。

"我们召集所有的流亡在外的白党成员，我们一起联合起来，打倒黑党和教皇！"但丁说着，捏紧了拳头，往前一击，就像是真的打倒了一位黑党。

"可是我们白党的人已经流亡到各处，彼此互不通讯，已经难以联合了！"马索其实也想过这种办法，但是又谈何容易！

但丁知道马索一定会有这样的顾虑，他微笑着，拍拍他的肩膀，说道："没事，我非常清楚我们现在的处境，但是您要相信我，我会有办法的！"

马索盯着但丁自信的脸庞，知道但丁是有自己的办法的，自己与但丁已经共事了这么长的时间，他知道但丁是一个很有远见的人，并且总能够把问题看得很透彻。想到这里，说道："好，我相信您。只要您有什么需要帮忙的，您只管对我说，我一定会尽力办好的。我们一定要重新回到佛罗伦萨！"

但丁看到自己身边的朋友这么相信自己，于是越发有了力量，坚定地向着前方说道："佛罗伦萨，你等着吧，我会回去的！"

2. "拿起手中的武器！"

> 让我们挣开他的捆绑，脱去他的绳索。
> ——《王国论》

放逐对于但丁来说，要忍受巨大的痛苦。除却物质上的匮乏，更大的就是精神的痛苦了。他被自己的故乡驱逐出来，没有任何的依靠，到处都有自己的敌人。自己写出来的诗再也没有人阅读了，更不会有人为自己发出啧啧赞叹声。再者，自己的政治抱负又在哪里呢？再也没有以前的机会让自己实现胸中的自由王国的蓝图了。

只是，此刻，但丁重新又在胸中燃起了希望！他要重回佛罗伦萨,他要联合起此刻已经七零八散的白党,重新组建自己的军队,然后攻进佛罗伦萨!这是一次新的考验,这是一段新的征程,自己新的生命就要开始了!

但是怎样重新让失散的战友们又站在一起,然后听从自己的号令呢?这也是马索的疑问。但丁有办法,因为他想到了齐柏林派。这一派别与但丁所在的盖尔菲派本是相互对立的死敌,但是在反对教皇和外敌入侵这一问题上,两个派别还是能够取得一致的,有了这一共同的政治基础,合作是可以谈的。

事实正是像但丁预料的那样,齐柏林派听说了但丁的设想之后,很快就决定与但丁合作,把盖尔菲派重新组织起来,然后两支军队一起进行收复失地的战争。

但丁是有远见的,他不计前嫌,主动地与自己的敌对派别求援,并且主动地举起了反对佛罗伦萨统治和教皇的统治的大旗。这种决定是需要魄力的,我们的诗人不仅仅在诗歌创作的时候涌现出巨大的热情,在行动中,更是能够当机立断!

事情发展得非常顺利。盖尔菲派逐渐地被组建成一支纪律严明的军队,人数丝毫不低于齐柏林派。但丁开始做政治动员了。

"现在我们应该做什么?"但丁站在最高的演讲台上,大声疾呼,同时震动自己有力的手臂,他的声音传到每一个战士的心中,激起了久久的回音,战士们兴奋起来了!

"我们要一起拿起武器,夺回我们失去的东西,我们要重新回到我们的故乡,我们的佛罗伦萨!"战士们齐声高呼。

"那么,拿起手中的武器!"但丁又是振臂一呼,千万人同声呼应:

"拿起手中的武器!"

"是的,现在时间已经到了不得不发的时候,我们必须坚定自己的信念,我们要站好自己的身姿,我们要走实自己的步伐,我们要向着敌人的战壕冲锋,敌人的鲜血就是我们胜利的证明!"但丁激动地在台上即兴演讲起来,士兵们个个都听得热血沸腾,恨不得现在就冲进佛罗伦萨，把敌人杀得片甲不留。

但丁知道，在此刻，丝毫不能够大意，只能够步步为营，应该先站稳自己的脚跟。他知道，自己军队的实力虽然不弱，又得到了齐柏林派的支持，更是实力大增，但是黑党已经在佛罗伦萨有了一定的基础，此时轻举妄动，敌人必然以逸待劳，我军取胜的机会就很小了。

齐柏林派也知道，现在军队已经集结，但是军中的补给比较缺乏，还是需要大量的钱财，只有足够的补给才能维持战局的长久进行。

于是，经过商议，两派在戈尔贡扎举行了第一次会议。在会议中，出席的人数达到一百多人，大部分都是军中的重要人物。因为人多嘴杂，会议进展缓慢。原本计划解决的集资问题被搁置，而是在谈论进攻顺利的可能性，我军应该在什么时候发起总攻等等这些具体的问题。

其实，会议遇到困难最主要的问题就是不少的人心中还是有很强的胆怯心理，他们害怕黑党有了教皇的帮助，将会有很大的实力，而且他们本就占据着佛罗伦萨，易守难攻。很多人甚至觉得与教皇作对是对于上帝的一种蔑视，将来会下地狱。

但丁看到这种局面，没有办法能够解决，只能够悲哀地宣布会议暂时停止。最后，会议并没有实际的成效。

无论如何，这是第一次的尝试，不应该就此气馁。但丁考虑了上次会议的问题，重点整治了各个军中的动摇分子，做好他们的动员工作，然后，开始组织第二次的会议。

会议的地址选在了圣戈旦佐，这是一个小村庄，距离佛罗伦萨只有四十多公里。按照规定，这次的会议只有18个人参加，其中九个是盖尔菲白党，包括但丁。他们个个都是军中的重要统帅，或者是重要的资本所有者。譬如乌巴蒂家族就受到了邀请，因为他们家族已经决定把自己坚固的蒙塔恰尼科城捐出来为军中所用。

这次的会议进展顺利，在会议中，大家慷慨陈词，都表示会想尽一切的办法赢得佛罗伦萨。几乎所有的在会议中出席的资本家都表示会把自己家中能够捐献出来的财产作为军中所用，而且几个人还保证会想办法从自己的好友中集资。

而在军中要员中，个个也带着视死如归的气概，纷纷表示会坚持到底，并且制定了详细的作战的计划。

但丁在会议将近尾声的时候，说道："我很高兴大家能够在这次的会议中表现的对于我们的无限的忠诚与慷慨，这里，我向你们致以崇高的敬意！我相信，我们一定会夺得战争的胜利！"

但丁说完，顿了顿，然后继续说道："只是，我们现在还有一些困难，就是我们需要另外一些人的帮助，这种帮助既是士兵的支援，也是物质的资助。我想，大家大概不会怀疑，只有真正准备充分的人才能够最后夺取胜利。所以，我们一定要做好十足的准备。"

大家听到但丁的发言，都七嘴八舌地讨论开了。是啊，虽然现在大家都表现得极为慷慨，并且充满激情，但是论实力，我们目前的确没有必胜的把握，现在黑党已经得到教皇和法国军队的支援，实力必然不可小觑。

各位出席会议的人你一言我一句，但是都没有想出合适的人选既能够有实力支援他们，又与自己有同样的政治见解。

大家都把眼光集中到了但丁的身上，大家看到，但丁已经是一副胸有成竹的样子，都期待着他能够给大家指出一条明路。

但丁面露微笑，然后缓缓地说道："各位刚才提到好几个人，我都知道，他们是有一定的家庭背景的，并且都是乐善好施，只是，据我对于他们的了解，他们都没有足够的政治上的追求，他们最多就是一个慈善家，但是难以成为我们有力的助手。"

各位参与会议的人听到但丁的分析，也觉得不无道理，于是都期待着但丁能够说出一个名字，让各位都觉得是合适的人选。

但丁依然不紧不慢地说道："现在我们需要的人是既能够给我们足够的支持，又能够与我们并肩作战的，那么我想，司加拉家族的巴多罗谋最合适了。"

大家听到这个名字，心中都是非常兴奋，都觉得这个人的确是不错的人选。他是勿罗拉的统治者，为人乐善好施，喜欢打抱不平。他家族是勿罗拉赫赫有名的财主，经常会有人向他求助，他只要看到对方是一个正义之人，那么也不问是否能够偿还，就立即答应下来。所以，他在整个意大利都有好名声。

对于但丁而言，这个人还有一点的好处，就是他也对教皇最近的做法表达过不满。他认为佛罗伦萨沦落到现在的局面，全然是教皇一手策划的，是教皇为了满足自己的个人私欲。

于是，但丁的建议得到了大家的一致的认同，于是现在就需要选出一个人亲自去勿罗拉走一趟，去说服巴多罗谋派兵并且寻求物质资助。

参与会议的人员几乎异口同声推荐但丁作为此次出使代表团的负责人。一方面大家都佩服但丁的口才和能力，另一方面也觉得但丁之前就有与教皇谈判的经验。

但丁也觉得这一次的出使意义重大，自己也愿意亲自去尝试，于是，新的考验等待在前方了。

3. 出使勿罗拉

> 人具有理智判断的能力，寻求理性的东西，因此他是独立的，或者说他接近于天体的本性。
>
> ——《飨宴》

但丁这次走上出使之路，是抱着获胜的自信的，所以显得格外兴奋。他走在路上，似乎就预想到了巴多罗谋慷慨解囊，盛情款待的场面。

想到几个月之前，自己与两个伙伴怀着前途未卜的心情去与教皇谈判，心中自是有不一般的滋味。上次几乎是在绝境之中姑且做出的一次尝试，而这次，却是胜券在握的，因为勿罗拉的君主是有口皆碑的，谁都相信只要有正当的理由，他绝对不会拒绝要求，不管你是什么样的身份。

很快地，但丁一行人就来到了勿罗拉。勿罗拉的确是一座大城市，这里到处都是繁华之地。街道宽阔，两旁布满了各种的商铺，行人如织，摩肩接踵。细细地看看，只见这里有很多提供艺人展示自己的舞台，有表演唱歌的，有表演舞蹈的，有戏剧的，当然也有表演朗诵诗歌的。

但丁被眼前的一个大大的朗诵舞台吸引住了。只见眼前人山人海，挤满了各式各样的人，但是大家都很安静，都在细心地听着台上的人朗诵。就在但丁走近舞台的时候，人群中爆发出一阵雷鸣般的掌声。

但丁被吓了一跳，以为是发生了什么意外的事件。掌声久久没有停息，但丁心中突然觉得酸酸的，想到自己年轻的时候，也是这么多的人听自己朗诵诗歌，然后也是这么多人为自己喝彩，而且，当时还是朗诵自己的诗歌。不知道现在这位表演的人是不是也是朗诵自己写出来的诗歌呢？能够得到这么多人的认可，一定是非常了不得了。

人群中一个人高声喊道："再来一首！我们还要再来一首！"随着这一声的喊声，立即有很多的人也喊起来："对，再来一首！""诗歌实在是太美了，我们愿意再听一首！"

台上的人也是拱拱手，并不怎么推辞，于是，就又开始朗诵起来："这首诗献给每一个热情的灵魂，和每一个温柔无比的心……"但丁一听，怎么会这么熟悉？哦，原来正是自己的诗歌啊！

他突然觉得胸中涌动着前所未有的激动，几乎没有思考，就立即冲上台去，打断了那人的朗诵："大家听着，这些诗歌是出自一位现在已经被流放之人的手中，那人现在就站在大家的面前，我就是但丁，在十年之前，我写下了这几首诗……"

全场的观众都惊呆了，他们一时没有反应过来，但是很快地，人群就已经乱作一团了，不少人高声喊着："这个人一定是骗子，但丁现在在佛罗伦萨呢，怎么会来到我们勿罗拉？"

因为在当时，如果没有亲眼见到一个人，是不可能确定那个人是谁的，那个时候还没有照片，更没有电视或者电影。但丁站在台上，一时也不知道怎么办。对啊，自己怎么证明自己就是但丁呢？

就在但丁为难的时候，台上的朗诵者说话了："大家安静，大家听我说，我在年少的时候去过佛罗伦萨，听过但丁先生的朗诵，也就是因为那一次，我就深深地被但丁先生的诗歌打动了。我可以确定，如果但丁先生现在出现在我的面前的话，我绝对不会认错人。"

那人说到这里，全场的人都安静下来。因为这位朗诵诗歌的人他们太熟悉了，他从没有说过谎话，大家都信任他。大家都期待着他是否会指出眼前的这个骗子，然后把他赶下台。

朗诵者走到但丁的跟前，深深地鞠一个躬，然后，举起他的右手，激动地喊道："没错，他就是但丁，我们意大利伟大的诗人！"

全场又是一阵安静，这次静得可怕，几乎连掉下一根针也会被人听到。突然，整个会场沸腾了，每一个人都是激动万分，谁都没有想到，但丁此刻会突然降临到自己的眼前。要知道，现场的听众几乎都是但丁的忠实的追随者，他们一旦有空就到这个会场，然后静静地听人朗诵但丁诗歌。

这里的人们有多少个日日夜夜都是靠着但丁的诗歌而度过的啊，又有多少的情人在确定终身的时候是在呢喃着但丁的诗歌！只是，谁也没有想到自己能够亲眼见到这位伟大的诗人，甚至连做梦也是没有想过的。

但是此时此刻，但丁千真万确就在眼前！谁也没有再怀疑，谁也没有再怀疑眼前的这位45岁左右的中年人就是但丁！人们疯狂了，人们就像是见到了耶稣基督一般兴奋异常。

由于现场人太多，舞台的护栏很快被人群挤掉了，人们就像是洪水一般涌上来。但丁被围困在最中间，无数的手伸过来，要与但丁握握手，或者就连能够碰上这位天才的诗人也是万幸的。

但丁看到这个场面，感动得泪流满面，再也说不出话来。他只是随意地跟着人群的推挤，随便人们把自己揉搓。是的，这一群人是自己的忠实的诗歌追求者，还有什么比被这些人包围来得幸福呢？

此刻，但丁的心中百感交集。他相信这一定是上天的安排，不然，怎么会在自己被放逐的最悲惨的时候遇到这么一群自己的追随者？他们个个把阅读自己的诗歌看作是一件神圣的事情，就像是阅读世上最珍贵的东西一般。

人们互相推挤着，一个人建议道："我们把我们心中的诗人抬起来吧！"很快，这一个建议得到了众多人的响应。于是，但丁被高高地举过头顶，无数的人为之欢呼。但丁也丝毫没有拒绝，任由人们把自己高高举起。诗人还有什么理由拒绝呢？

好久好久，人们都不愿意离去，自己的一生能够有几次机会见到呢？可是，他们都知道但丁此次来勿罗拉一定是身负重任，要不，怎么又会跟着这么多的穿着制服的官员？人们逐渐地散去，只是，但丁心中的激动却久久没有停息。

这次的奇遇，给了但丁精神上无比巨大的支持。他终于看到，还有那么多的人在读自己的诗歌，还有那么多的人在追随着自己！自己还有什么理由不振作起来，努力地报答这些狂热的追随者呢？

但丁知道，现在自己虽然处于流放的时期，生活非常艰难，甚至自己的前途不知道在何方，但是不管是什么时候，不管遇到什么样的困难，只要知道还有这一群人在支持着自己，就不会失去坚持的力量！

出使的任务自然是很顺利地完成了，但丁回到自己的军中，似乎完全换了一个人，变得比以前更加自信，更加坚强，每一个走过他身边的人都觉得他身上透出比以前更加强烈的魅力，不由自主地就会觉得眼前这个人是值得信任的。

精神的力量是无与伦比的，但丁获得了充沛的精神力量，又借到了足够的兵力和物质资源，于是，开始着手战争的准备了。

眼前的任务无疑是艰巨的。佛罗伦萨虽然是自己曾经的故乡，但是已经被敌人占领和统治。他们有黑党强大的兵力，有教皇的威信与号召力，并且可能还有法国的军队在背后撑腰，要在这样的力量面前夺回失去的土地和政权，又谈何容易！

但丁充分地估计了自己面对的困难，不断地召开会议，商讨进军的路线。大家不断地争论，不断地做出一套一套的作战的方案，并且细细地观察着对方的行动。

4. 大决战

> 人类啊，你还要经受多少的不幸，遭遇多少的挫折，因为你这只多头兽要向西面八方挣扎！
>
> ——《王国论》

两军都在紧张的备战当中。

黑党虽然稳稳地站在佛罗伦萨的市政厅当中，但是他们也并不是一群完全没有战略眼光的乌合之众。他们密切地关注着白党和其他的流放者的行动。

黑党采取了一个阴狠的手段，就是大量的收买叛徒。白党大多是无家可归的可怜虫，一些意志薄弱的人很难抵挡住他们的诱惑，于是都暗中在为黑党传达白党内部的机密信息，或者是奉命搞一些破坏活动。

在众多的叛徒当中，尤其值得一提的是加林诺，他被黑党仅以300佛罗令就收买了。他把几乎白党的所有重要的行踪都告诉了佛罗伦萨。什么时候在哪里召开了什么会议，白党跟谁结了盟，都一一毫无保留地通知了黑党，他为了谋得黑党的信任，有时候还绞尽脑汁想办法怎样对付白党，然后把自己的成果报告给佛罗伦萨。

于是，黑党掌握了白党许多的内部机密，他们细心地分析白党这样做的目的。经过反复地商议，他们决定任命法西·加巴为全军的最高统帅，全权负责攻破白党的所有的战争防御。

白党却是全然不知道自己的行踪和重要的决定已经被自己的对手全部窃取，他们个个都等待着战争的来临。经过周密的考虑，白党决定任命奥德拉菲为全军的统帅，然后由但丁作为奥德拉菲的最高秘书。

当白党终于全部都部署好之后，他们开始逼近佛罗伦萨，他们驻扎在佛罗伦萨北面的募杰罗。

一开始的时候双方只是发生一些小的冲突，彼此相互侵扰，打家劫舍，因为彼此都没有必胜的把握，都探听对方的虚实。但丁在营中密切地关注着战局的发展。他逐渐地发现，军中的很大一部分的士兵战斗的积极性不是很高。

但丁继续关注着每一支军队的战争情况，一天他醒悟过来，自己军中的大部分的士兵都是临时集结的，而且分属不同的部队，彼此并不熟悉，于是摩擦是不可避免了，更加重要的是，大部分的士兵都只是带着报复心上的战场，他们只是想在战斗中拿一些战利品，也就是大多眼光狭隘，没有真正的大局意识。

但丁发现了这个问题之后，对于进军的前景大为担忧，但是现在又有什么办法呢？战斗已经打响，只能够向前冲锋。

1303年阳春三月，大战来临了。白党做出最高的决策，决定在布里恰诺与黑党展开大决战。白党集结了600骑兵和4000步兵，大大胜过黑党。白党战斗激情高涨，他们心中只是想着这次的战斗一定能够让他们品尝到报复的快感，并且能够获得无数的战利品。只要自己奋力战斗，并且保持自己的生命，在战斗结束之后，一定有着美好的前程等待着自己。

战斗打响了。由于布里恰诺是一座小镇，而且位于佛罗伦萨北面的一个高坡上，白军必须由下往上冲锋。本来这次的战斗是有很大的难度的，但是每一位白党的士兵都为着建功而奋勇前进，就像是走在平地上一般。黑党的士兵没有想到对方能够如此快速就冲上来，被打得有些措手不及。

当双方的军队相遇之时，白党的数量远胜于黑党，黑党没有太大的抵抗之力，有些放弃小镇逃跑，有些举手投降。白军获得了巨大的胜利，一举夺得了布里恰诺。

夺得布里恰诺的意义是重大的。只要占领了布里恰诺这一个小镇，对佛罗伦萨就形成了一种居高临下的局面，只要白党能够继续保持着现在的士气，完全有很大的把握把佛罗伦萨重新控制在自己的手中。

白党在这次的战斗中大获全胜，获得了大量的战利品。不少的战士开始出现骄傲的情绪，他们认为，现在已经占领了布里恰诺高地，接下来只要像潮水一般涌进佛罗伦萨，就一定能够夺回自己失去的土地了。

不仅如此，军中很多人还散布谣言，说是佛罗伦萨城中已经发生了内乱，现在黑党已经没有丝毫的抵抗之力，我们只要稍稍进军，黑党就要全面溃败。士兵们在头脑中完全没有把黑党放在眼中了，不少的士兵开始做上回家的梦，他们开始幻想着几天之后，自己就能够与久别的妻子儿女重逢，那将是多么让人期待的事情啊！

但丁反而觉得军中弥散的这种傲慢的情绪有些危险，他几次警告奥德拉菲，要求他奖惩分明，把那些带头轻敌的将军依法惩戒。但是这位最高统帅却是一位刚愎自用的家伙，丝毫不听从但丁的劝解。

更何况，奥德拉菲自己也觉得胜利在望，黑党经过布里恰诺战役，已经元气大伤，似乎已经没有复苏的迹象了。他认为但丁简直就是杞人忧天。

一天，白党的所有分队都沉沉地进入梦乡，忽然，帐篷之外响起了巨大的冲锋声。全军的将士从梦中惊醒过来，匆忙拿起自己的武器，睡眼惺忪地集合，然后迎敌。

没错，来的正是黑党。法西一马当先，直接冲将过来，后面跟着无数的骑兵和步兵。法西早就料到经过布里恰诺战斗，白党一定会轻视自己，于是自己反而卧薪尝胆，加紧步伐要求政府增援，以奇迹般的速度又组织了一支战斗力强大的军队。他精心地选择了一个没有月亮的夜晚，对白党进行偷袭。

白党的所有的士兵都慌张了，没有人能够从容地迎战。他们不知道来了多少的敌军，因为后面的冲锋声更加巨大。每一个人心中只是想着如何活命。于是，大部分的士兵都不再听从指挥了，纷纷往后方逃走。

很多的将军也无心恋战，只求不被俘虏，赶紧跟着士兵们一起逃跑了。就连最高的统帅奥德拉菲，也是只顾自己活命，把自己的兵将撇在后面。

全军完全地乱作一团。无数的人被敌人的子弹击中，无数的人相互践踏，还有很多的人甚至为了争夺一处避难之地而相互残杀。黑党大获全胜。

但丁随着逃跑的士兵一起，也撤到了后方。当这次的战斗终于结束，但丁回到战场，痛哭流涕。他看到地上躺着无数的士兵，他们在几个小时之前还生龙活虎，都在信心百倍地要求进军，而此刻，却已经永远不能够再睁开眼睛。

这次战争的意义是重大的，它几乎意味着白党重新夺回佛罗伦萨的希望的最后破灭。因为白党损失了几乎十分之八九的士兵，已经不可能再恢复过来。从哪里再集结这么多的士兵呢？白党不可能像黑党一样请求支援了，因为根本就没有人愿意了。

另一方面，这次之所以会失败，并不是因为敌人的战术有多么高明，其背后的原因早就被但丁看在眼中了。是的，白党军中的士兵都只是为了报复，都只是为了眼前的利益，都是没有远见的人，这就像是一群乌合之众，即使有再多的兵力，也只是一盘散沙。

这是根本的问题。但丁在一次检讨会议中发言道："我们军队之所以失败，最重要的原因就是我们一些军官自己思想的麻痹，自己在指挥的时候不会顾全大局，只是好大喜功，为了自己的荣誉与升官。"

还能够说什么呢？白党注定了要失败的。

只是苦了我们的诗人！但丁曾经是怀着多么大的意愿要回到自己的佛罗伦萨啊！可是现在，一切都已经化为了泡影。自己再也没有机会回去了，再也不可能在妻儿面前书写自己的诗歌了，再也没有机会被自己国家的人民围绕着，然后在众多的人的热烈鼓掌当中深情地朗诵自己的诗歌了。

而自己的政治理想更是再没有办法施展了！自己为民请命的愿望已经从此成为历史记忆。

但丁不愿接受这一事实，每日拒绝与人见面，只是一个人躲在房间里黯然神伤。这是多大的痛苦啊！人生最大的悲剧莫过于自己理想的幻灭！

接下来的路在何方呢？但丁每天都要问自己这个问题，但是终究没能够给自己一个答案。

第六章 追寻

1. 让爱取代暴力

> 世人放弃了德行，有些人把这个原因归之于天上，其他人则把他归之于地上。
>
> ——《神曲·炼狱》

布里恰诺的失败，使得重回佛罗伦萨的希望成为泡影。美丽的佛罗伦萨，就此远去了。

但丁依然在奥德拉菲的部下担任秘书。他每天的工作不再是紧急地部署战争，而是开始思考自己的大半人生。现在，但丁已经将近四十岁了，经历了童年的孤独，经历了青年时期被名誉围绕的辉煌，也经历了品尝失败苦果的痛苦和绝望。是时候反思自己的人生了。

什么力量是最伟大的，能够无往不胜的？一个人只有具备了什么，才能够一直立于不败之地，才能够一直享有幸福？但丁每天就坐在自己的书桌前，或者在自己家的附近散步，头脑中都思考着这些问题。

曾经，但丁相信宗教的力量是能够解救人类的，一个人只要相信上帝，就能够得到上帝的救赎，就能够获得新的生命。但是经历了这么多的风风雨雨，但丁发现，并不是每一个时刻，上帝都会陪伴在自己的身边，并不是任何一个角落，都能够得到上帝的眷顾。只要回顾一下战争的死难者，只要看看无数的冤屈就能够证明一切了。

那么什么才是最有力量的？是在人自己的身上！有一天，但丁正走在自己的花园里，头脑中想到一个字："爱"！对了，就是人类最纯真的爱，是唯一能够取胜的法宝！只要人们的心中常怀慈爱之心,就是最有力量的,因为这些人总能够把这种爱传递出去,让悲伤的人走出阴影,让绝望的人重获希望。而一个有大爱之心的人,再邪恶的人也会被他感动,也不会狠下心肠把他杀害。

又是为什么自己过去总是失败?是的,暴力并不能够解决一切的问题,以暴制暴只能够加剧彼此的仇恨。即使通过暴力能够一时地赢得胜利,但是能够保证一直胜利吗?不能!

但丁一旦悟出了这一道理,如获新生,他要把这种思想传达出去,让世界上都充满爱的力量。但丁相信,只要每一个人都努力一下,这个世界一定能够更加和平,更加绚丽。

现在,自己虽然漂泊异乡,但是已经并不那么重要了,只要自己能够怀着一颗大爱之心,哪里又不是自己的家呢?用抢夺夺回来的家,不如弃之不顾!但丁觉得,虽然不应该放弃回归家乡的努力,但是一定不能再通过暴力了。

就在这个时候,但丁又听到一则消息,教皇逢尼发西去世了!

起初但丁并不相信这个消息,但是后来传言越来越具体,终于被证实了。但丁打听清楚了事情的原委。

教皇逢尼发西在打败白党之后,以为自己的势力终于再没有人能够干预了,于是开始放纵自己的生活。他越发暴虐成性,完全暴露自己的本性,每天都是山珍海味,与众多的女人一起寻欢作乐,有时甚至并不隐藏。

一天,逢尼发西突发奇想,想要到自己的家乡阿纳尼去游览一番,因为他觉得自己的生活太单调了,整天就是传道或者给圣徒洗礼,他需要好好消遣一番。

他实在没有想到自己的敌人正想借机谋害他。原来,逢尼发西一直与法国关系暧昧,经常狼狈为奸干一些有利于彼此而损害百姓的事情。但是逢尼发西是一个贪得无厌的人,经常违背合约,在分赃的时候想占一些便宜。法国的统帅诺嘉莱特渐渐地不愿意受到教皇的牵制,于是想办法迫使教皇完全屈服于自己。

机会终于来到了。他们趁着教皇走出罗马的机会,利用早就收买好的教皇身边的亲信，里应外合，打算进行一番抢劫，并且以此要挟教皇，与他们签订协议，从此之后在合作问题上应该听从法国方面的安排。

诺嘉莱特加紧部署，首先是收买教皇身边的人，他首先看中了拉伊纳尔多，这个人是教皇最信任的人之一，此次教皇出游，就留下他负责罗马的事务。诺嘉莱特非常清楚这个人只是一个善于奉承拍马的人，而且贪得无厌，见利忘义。收买这样的人是再容易不过。

果然不出所料，拉伊纳尔多很快被诺嘉莱特所给出的条件吸引了，他同意作为内应，在适当的时间把守卫的士兵全部调开，并且指引法国的将士进入罗马。

后来，诺嘉莱特又先后拉拢希拉和克罗尼拉加入了他们，于是，罗马方面的信息已经几乎全部掌握在他的手中，剩下的就是直接把自己的人马开进罗马了。

事情进展得比预料当中的更加顺利。法国的士兵化妆成教皇的亲随，骗过了所有的守卫，直接来到了教皇的官邸。诺嘉莱特很快地控制了整个官邸，更多的人叛变教皇，教皇几乎成为孤家寡人，而他自己却还陶醉在美景之中。

当一切已经妥当，诺嘉莱特派出一位使者"通知"逢尼发西所发生的一切。逢尼发西突然听到罗马发生了重大的变故，法国方面已经控制了很多的地方，并且要求自己紧急回罗马，简直就像是做梦一般，不敢相信自己的耳朵，让那位使者重复了好几遍，因为这次变故来得太突然，而且太富有戏剧性了，就连最有想象力的作家都未必能想出这样的情节。他二话不说，匆忙赶回罗马。

那时候，他已经对局面无能为力，只能够听从诺嘉莱特的安排。逢尼发西被迫签订了屈辱的合约，与法国建立长期的合作，并且应该受到法国的主导。

逢尼发西从来没有想到事情会变得如此之快，他无法忍受自己的权力受到别人的干扰，而且是外国的势力。但是现在他已经无力回天了。

逢尼发西夜不能寐，整天对于事情耿耿于怀，脾气变得非常暴躁，而且经常对自己身边的人大吼大叫。不久，逢尼发西的身体彻底垮下来，两个月之后，抑郁而死。

如果是以前，但丁得知这一消息之后，一定会喜出望外，甚至可能立刻觐见奥德拉菲要求再次起兵。但是这次但丁的心是平静的，他首先为教皇进行了祈祷，愿他的灵魂能够得到救赎。但丁觉得，即使是一个十恶不赦的人，如果悔改，也是能够获得最后的拯救的。

但丁心里很清楚，逢尼发西死去之后，自己重新回到佛罗伦萨的希望又被点燃了。这的确是一件让人欢喜的事情。是啊，自己曾经是多么渴望回去啊，现在希望又来了。

正当但丁又陷入沉思时，好友斯塔加来到身边。斯塔加看到但丁沉思的面孔，轻轻地说道："但丁先生，您这是怎么了？难道您不为逢尼发西的死而感到痛快？"

但丁向着斯塔加看了看，随即露出一丝微笑，他并不责怪斯塔加的幸灾乐祸，逢尼发西毕竟是做了太多的错事，又有几个人能够原谅他呢？他的死对于很多的人的确是一个大大的福音。

"不，一个生命的逝去终究是一件遗憾的事情。不管一个人曾经犯过什么样的过错，当他死去的时候，都应该得到基本的尊重，因为他的灵魂也需要救赎。"但丁目不转睛地盯着自己的好友，像是急需要得到他的同意。

斯塔加丝毫没有想到但丁会说出这样的话，因为就在几个月前，但丁还是那么急切地想要回到佛罗伦萨，极其痛恨逢尼发西的百般阻碍。现在，逢尼发西死亡，本来应该是但丁求之不得的事情，但丁却表现出无比的悲悯。

斯塔加是一位性情温和的人，他并不想在这件事情上与自己的好友争论什么，转移话题说道："那么您现在打算重新回到佛罗伦萨吗？"

但丁眼神中突然焕发了新的光彩，"这是当然，佛罗伦萨有我的故乡，有我的人民……"声音中充满着兴奋与期待。

"那么你打算通过怎么样的方式呢？"斯塔加这次来找但丁，其实主要是想听听但丁对于这一问题的看法。现在问出来，自然是怀着很大的期待。

"我觉得不能够再流血了。"但丁显得过分平静，让斯塔加有些不舒服了，"过去，我们都错了，都是同一个城邦的人，何必相互残杀呢？我们为了各自的利益相互争夺，要到什么时候？只能够带来越来越多的仇杀罢了。"

斯塔加听到但丁的话，惊讶不已，这一点都不像是自己的好友但丁说出来的话，莫不是但丁受到了什么样的打击？

"斯塔加，我的好朋友，您慢慢会明白我的话的，"说着，轻轻地握了握他的手，嘴里呢喃着，像是对斯塔加说的，但更像是自言自语，"仇恨只能够引来更多的仇恨，唯有爱能够解救世人。"

2. 与过去告别

> 人具有三个方面的能力：即成长、生活和判断的能力，因而人是沿着三条道路同时前进的。
>
> ——《飨宴》

自从逢尼发西去世之后，法国的国王就设法扶植一个完全听命于自己的教皇，他们的企图一旦得逞，那么法国在社会舆论上将会占据重大的优势。因为此时即使已经到了中世纪的晚期，人们还是笃信上帝的。

正当法国国王加紧策划之际，教廷的人员动作更为迅速，因为他们很清楚，教皇如果被尘世中人掌握，那么后果将会非常严重。

一个逢尼发西八世已经够了，如果再来一个，那么整个宗教界将会毁于一旦。

教廷的神职人员终于奉着耶稣基督的诫命，选出了一位新的教皇，他名字叫作包卡西尼，教名为贝纳特笃第十一。他堪称意大利的圣人，为人忠诚，对于上帝完全信仰，对世人都是平等对待，毫无私心，并且严守上帝的诫命，保持独身和贫穷。

当贝纳特笃上任伊始，就知道自己身负重任。他看到昔日的佛罗伦萨城已经被仇恨笼罩，里面的城民再不能够在和平的环境之下享受到上帝的荣光。他下定决心要改变这一局面。

他做出决定，派出一位使者，去佛罗伦萨调停这一纷争，要求白党和黑党重归于好，共同建设佛罗伦萨，为了佛罗伦萨城市的繁荣，为了其中的人民生活的安定，应该立即停止一切的军事行动。

贝纳特笃第十一最后选定了尼可洛·伯纳多作为和平使者，出使佛罗伦萨。他是一位红衣主教，出身贵族，因此，有着雄厚的身份说服力——因为在当时，实在是有一些人自命出身不凡，根本看不起一般人；另外，此人自小就是在修道院长大，从来没有直接参与到任何一方的政治利益集团之中，这也让双方能够相信他的公正。

但丁此时正在亚来索，这里聚集了大批的流放的白党人员，其中也有一位但丁在最近认识的一位待人宽厚的博爱之人：亚历山大·罗麦那伯爵。伯爵一看到但丁就认定此人是可以信任之辈，于是马上聘任但丁作为自己刚刚建立的一所大学的顾问。

但丁此时正是孤苦伶仃，生活艰难，于是自然对伯爵的器重感恩戴德。但丁在伯爵的大学之中继续关注着时局的发展，当他知道新任命的教皇俨然就是耶稣再世时，高兴得与亚历山大伯爵相拥而泣，两人当晚一直喝酒聊天到天亮，他们都相信，有了这样一位仁慈的教皇，佛罗伦萨有救了。

后来，尼可洛主教作为和平使者要出使佛罗伦萨的消息也传到了但丁的耳中。但丁这次没有太高兴，而是喜忧参半。亚历山大伯爵看到但丁这副模样，觉得甚是奇怪，就询问但丁是怎么回事。

但丁忧愁地对伯爵说出了自己心中的担忧："我觉得主教的这次出使未必能够如愿。黑党现在已经执掌大权，不可能主动地把自己掌握的权力拿出来；而白党中的流放之人虽然急于回去，但是他们个个心胸狭隘，未必愿意与黑党共事，他们也许得寸进尺……"

但丁的预想也引起了伯爵的担忧，两人都沉默了好一会儿，还是伯爵开了口："不管如何，希望还是有的，我们暂且静观时局的发展。"

但丁点点头表示同意。

尼可洛主教终于抵达佛罗伦萨了，他受到了百姓的热烈的欢迎，街道的两旁挤满了人，都纷纷向他挥动橄榄枝。佛罗伦萨的百姓们都被战争所折磨得够苦了，他们急需要和平的环境进行自己的生活，他们实在并不在乎谁掌权。

尼可洛首先发出邀请函，要求流亡的白党中选出十位代表到佛罗伦萨出席谈判的工作。白党在但丁等人的推荐下，很快地选出十名代表，他们按照预定的日期来到佛罗伦萨，也是受到了市民们的热烈的欢迎。人们都以为，佛罗伦萨的和平指日可待了。

尼可洛来到黑党市政厅，黑党的成员由于害怕民众的舆论，勉强出来迎接。他们心中实在是不愿意这位和平使者的到来的，在他们的眼中，这位和平使者正是在扰乱他们自己的和平——正如但丁所预料到的，黑党都是贪婪之辈，怎么愿意拱手让出已经到手的肥肉？

黑党和白党之间的谈判自然是陷入僵局，很长的时间没有取得实质上的进展。有一日，正在谈判又陷入僵局的时候，在市政厅之外一阵喧闹声。出门一看，才知道是市民们自发组织起来，要求停止一切纷争，黑白两党必须重新联合起来。

人们高呼："和平！"然后挥动着手中的橄榄枝。前面的几位带领者直接走到了市政厅的门口，要求见一见黑白两党的代表。最后，由主教亲自出门劝散，人们才乖乖地回去等着谈判进一步的消息。

经过这一次的游行示威，黑白两党都知道已经不能够再拖延了，必须做出一种决定，彼此都得让步，然后求得佛罗伦萨的和平，哪怕是暂时的和平。

白党最后表示愿意妥协，愿意与黑党建立一个两党联合执政的政府，只要双方能够公平地按照法律的条款进行活动，谁也不能够侵犯对方的独立自主。

但是黑党却是始终不愿意让步，对于他们而言，平白无故就得交出已经完全由自己掌控的佛罗伦萨，这是说什么也显得窝囊的事情。他们决定来一次武力的清洗，把城市中的残余白党都铲除，并且把尼可洛主教赶回罗马，这样，佛罗伦萨就彻底地掌握在自己的手中。

黑党很快就行动了，他们的动作是如此迅速，以至于没有人能够进行有组织的反抗。佛罗伦萨白党的成员本来还有不少，但是经过这么一次迅雷不及掩耳的清洗，已经是七零八落，再也不能够成气候了。

尼可洛主教看到这一举动，除了跪在上帝的面前默默地祈祷，再也无能为力，于是，还没有等黑党的人说什么，自己已经走上了回归罗马的路程。

十个白党代表在当时也是处在非常危险的境地，当时黑党人员本想把他们统统杀掉，但是考虑到政治上的影响，还是保存了他们的生命，让他们滚出佛罗伦萨，再不能够踏进佛罗伦萨半步。

黑党的人在市政厅大开庆祝会，得意非凡，以为再没有人敢反对黑党的统治了。

但丁依然在亚来索。他密切地关注着谈判的进行。他听到谈判并不顺利之后，心中一直郁郁寡欢，他知道，自己预料中的事情终于还是变成了现实。诗人但丁在心中还是相信事情是会有转机的，即使这种可能性小之又小。如果一个人不给自己任何的希望，又怎么能够生活下去呢？

当黑党清洗佛罗伦萨城的消息传到但丁的耳中的时候，但丁悲痛欲绝，他万万没有想到，黑党居然残酷到这种程度。他希望黑党能够悔改，但是这不是幻想又能够是什么呢？

逃出来的白党和流亡在外的白党当时集结在亚来索，心中充满了对于黑党的仇恨。他们不少人要求立即冲进佛罗伦萨城，与黑党拼个你死我活。但是这终究是一种不理智的行为，现在两党之间的实力相差实在是太大，又何必做这种无谓的牺牲呢？

白党中的仇恨情绪始终没有消解，只是由于白党再没有力量与黑党进行对抗，才没有再发生大的流血冲突。

但丁以为，现在弥合双方矛盾的手段不应是以暴制暴的行为，而是应该以和平的手段进行，最好是利用外交的手段进行磋商，可是当时的白党只是觉得肚子里憋着气，千方百计想着报复，哪里愿意听从但丁的话？

于是，但丁逐渐地被白党的核心排挤，他的声音几乎没有人愿意听了。不久，亚历山大伯爵去世了，但丁又是孤苦伶仃了。

我们的诗人最后决定离开亚来索，并且从此告别自己的政治理想，专心地撰写自己早在心中酝酿已久的诗歌了。

3. 勿罗拉的第二次拯救

我要抒写的却是英勇，也就是使人高雅的那种品质。

——《抒情诗》

应该往何处去？此时的但丁已经找到答案了。他现在已经39岁，经历了风风雨雨，终于明白过来，自己剩下的日子应该在书斋中度过。

现在的但丁，生活毫无着落，他几乎身无分文，全靠着自己的朋友接济度日。他穿着一身陈旧的衣服，吃的只是最简单的食物，经常口袋里的钱只能够用来买一块硬面包。但是无论生活有多么的艰难，但丁都是快乐的，因为他知道自己将要做什么。

但丁再也没有想着要回佛罗伦萨了。那座城市已经是敌人的都市，自己回去又能够如何呢？能够消弭彼此之间的仇恨吗？能够有安逸的生活吗？没有，佛罗伦萨已经不是昔日的佛罗伦萨了。

但丁认真地为自己未来的人生做了规划。他觉得自己首先要认真研究一下人类的各种学问。他依然还记得自己在《新生》中发誓要成为一位最伟大的诗人，要与维吉尔齐名。那么，这样的理想如果没有足够的知识能够实现吗？

首先应该认真研究的是哲学。哲学是人类最高深的学问了。要了解一个民族，无疑就去研究它的哲学。作为一位诗人，必须要有对于宇宙的本质以及人类本质的深入思考，才有深刻的思想。哲学是一门智慧之学，需要花费一生的精力。

其次应该学习的就是宗教。基督教在意大利占据着如此重要的地位，以至于没有人能够置之于不顾。在过去的历史中，人们的生活都是在基督的荣耀之中度过的。而现在，我们的宗教存在如此之多的问题，必须要深入地思考什么是上帝，什么人会得到上帝的救赎，而什么人将会在死后堕入地狱，经受长久的惩罚。

此外，还需要研究一下民俗学，只有了解了民俗，才能够真正地懂得人民的日常生活，自己写出来的诗歌才不会脱离了人民；还不能够忽视了对神话的研究，因为历史上的神话凝结了太多的智慧，而且，诗歌不就是一种对于人生的神话寓言吗？

此时，但丁心中已经有了《神曲》第一篇的大致提纲了，他知道自己应该写一篇能够在历史上留下伟大名声的作品，应该在后人的书架中与荷马的书放在一起。

写一部作品是需要一个适合的环境的。大凡大的作家都是在一个特殊的环境下进行写作的。但丁认真地思考了一下，他觉得自己应该找的一个地方第一个要求就是能够接济自己的基本的生活用度。

是啊，生活啊，生活，这对于太多的天才都是一个巨大的负担。我们回顾历史，有数不尽的天才都是在创作自己的作品的时候连基本的生活都难以维持，很多人因此就把自己的身体搞垮了，以至于影响了自己的寿命。或许这是艺术家的宿命？

但丁却是一位不一般的人，他得找一个能够有人接济的地方。并不是但丁贪图安逸——如果但丁也是这样一位安于享乐的人，那么他为什么不能够屈服于现在的佛罗伦萨，或者在白党中混一个官职？但丁其实是想着能够使自己更加专注地创作啊，他实在是不愿意在自己写作的时候被生活的琐事所干扰。

另外，这个地方必须要有足够的书。现在书籍对于但丁来说就是第二生命。能不是么？在现实的生活之中，但丁已经失去了太多，而在书籍中，里面的圣贤永远能给他无限的安慰，柏拉图永远是微笑着的，亚里士多德总是在自己的书院里走来走去，等待着愿意走近他的人。

但丁想了好几个地方，都觉得不适合。突然，一个地方的名字冒上了但丁的头脑中，它就是勿罗拉。是的，勿罗拉啊，曾经以使者的身份到过那个地方，在那里，不仅征集了士兵，而且，那次偶遇一个朗诵者的经历至今都在自己的脑海中，也正是因为他，让自己低落的心情振作了不少。这次，是不是也依然会如此？

是的，勿罗拉的确是一个好的选择，除了能够满足上面的基本的条件之外，勿罗拉在司加拉家族的统治之下，一直是保持着和平安宁，各个阶层的人同心同德，共同为着社会的发展做出自己的贡献。在那里，绝没有佛罗伦萨一般的纷争，绝对不像佛罗伦萨一般到处都是尔虞我诈。相反，在勿罗拉，每一个人都是坦诚相见，能够胸无城府地交谈，彼此能够保持最为真诚的关系。

此外，但丁还得知，勿罗拉也是一个文化之都，那里聚集了不少的文人雅士，那的人文学素养是非常高的，即使是寻常的百姓，家中也珍藏着几本文学作品。但丁想到，当自己到了那里，一定不会孤单吧？

但丁是一位雷厉风行的人，他决定了之后，就带上了自己的行李，走上了去勿罗拉的路程。一路上，都是顺利的，并没有遇到什么阻碍，身上带着的佛罗令也够用。

他知道，勿罗拉的君主司加拉家族一定会热情地款待自己，因为司加拉是一位有口皆碑的慈善之人。而且自己曾经与他打过交道，那次留给他的印象是深刻的。

果然，但丁来到勿罗拉之后，立即受到了司加拉的热情的邀请，听明情况之后，司加拉二话不说，就在自己的宫廷里安排了但丁的住所，要求但丁就把这里当成自己的家。

司加拉看着但丁，就像是看着一位久别的好友，丝毫没有架子，也没有在意但丁现在落魄的样子，"自从上次您来到之后，我就一直惦记您，我在闲暇的时候就喜欢阅读您的诗歌，真是写得太好了！"勿罗拉说着就紧紧地握着但丁的手，可以看出他说这些话的确是出于真情的，并不是一般的客套。

但丁知道司加拉是一位文学修养很好的君主，尤其对于诗歌有着比较好的造诣，于是但丁谦虚地说："哦，我已经很久没有再写了，现在我觉得自己应该安静下来，认真地把我心中的想要表达的写出来了。"但丁接着说："以后还需要您的多多照顾，我在此就先谢谢您了！"

司加拉赶忙说但丁并不需要客气，就当是自己的家里一样。于是，两人又留在一起说了好久的话，但丁已经好久没有感受到这种被人家关怀的感觉了，于是格外地感动。

但丁对着司加拉说道："您知道，我自从被判处流放之后，就一直想要重新回到佛罗伦萨，但是不断地遭受到挫折，而您却是两次帮助了我，实在是太感谢您了！"

司加拉故意装作生气的样子，说道："您怎么变得这样见外呢？我欣赏您的才能，我知道您现在需要我的帮助，我也只是尽了我自己的绵薄之力而已，又何须放在心上？我倒是害怕您有什么需要我没能够满足您呢！"

但丁听到司加拉说出这样的话来，也就不再说什么，只是默默地看着司加拉，差一些就要流下眼泪来了。

是啊，为什么每一次都是勿罗拉呢？每一次都是当自己最为落寞的时候来到这里，并且每一次都能够在这里获得一种莫大的安慰。这或许就是上帝的恩赐与故意的安排？那么，这么说来，自己也是一位幸运的人啊！

但丁就在司加拉的宫中安定下来，平时的起居自然不需要自己打理，司加拉已经说过，但丁可以随意翻阅宫中的藏书，如果需要，还可以随意参观宫中的各个地方。但丁自然是千恩万谢。

但丁每天都沉浸在自己的文学构思当中，他思考着自己的巨著《神曲》。他每天都要来到勿罗拉的一条河边，这条河就在司加拉宫中的不远处。它让但丁想到佛罗伦萨的雅诺河。是的，但丁在心中还是一直记挂着佛罗伦萨的。那里是养育了自己的地方，又怎么能够说忘就忘了呢？

4. 诗心所向

> 我当像仆人一样，唯命是从。
>
> ——《新生》

但丁终于在勿罗拉获得了一个安定之所。他享受着这种新的生活。但丁的心中是充满着阳光的，他似乎已经忘记了自己曾经遭受的苦难，而变得乐观起来。

在这里，白天或者是宴会，或者是与当地的名士一起畅谈，而到了晚上，总是有一个安静的环境写作。这真是一种绝妙的生活啊！但丁在心中对于这里的主人充满了感激，每一次与司加拉见面，都要真诚地说几声感谢的话。

在城堡里面，但丁有了越来越多的追随者，就连附近生活的一些贵妇人，也越来越频繁地来到但丁的住所，听他讲述自己的经历，自己的诗歌，或者自己对于诗歌的独特的看法。这些都让每一位深居简出的贵妇人们着迷，她们从来没有见到过像但丁这般富有才气而且经历丰富的人，她们总是用仰慕的眼神看着但丁，有几个胆大的甚至偷偷暗送秋波，让但丁既骄傲又有些胆怯。

有一次，但丁正走在一条长长的走廊之中，无意中看到就在走廊一侧的花园中，一位妇人躲在一颗大石头后面，正在偷偷地探出半边的头，往自己身上看。但丁一时没有反应过来，吓了一跳，那位妇人更是被惊吓得非常厉害，赶紧缩回头去，再也不出来了。但丁回到房中，才想明白原来人家是在偷偷看着自己啊！想到这里，心中顿生一股喜悦。

就这样过了一个月多，生活依然是这样安逸，依然每天都有宴会，可以在宫中随意欣赏美丽的景色，或者是几位仰慕自己的贵妇人过来与自己攀谈。只是，但丁的心中暗暗生了变化了。

但丁觉得越来越没法在这里待下去了。他觉得日子就像是停止了一般，每天都在重复着昨天的日子，没有丝毫的改变，他开始厌倦这种单调的重复，即使这种重复是富贵安逸的。

如果我们有一颗诗人的心，或者有一颗理解诗人的心，那么我们就不会再责怪诗人喜新厌旧了。一个诗人的心必须在变化之中才能够获得写诗的灵感，只有在不断地更新之中，诗歌才会取得更新。

诗歌是来自于生活的，诗人的诗歌虽然是在想象的王国里，但是没有人会怀疑，诗人的每一句诗歌，都是站在坚实的生活的基础之上。如果生活变成一潭死水，诗歌又怎么能够获得灵动的性格呢？更何况，诗人的激情需要更丰富的东西来激发。如果生活变得重复，就等于失去了丰富性。

此外，但丁逐渐地感受到，宫廷之中可以获得锦衣玉食，但是，对于一个诗人而言，往往是相当有害的。诗人是扎根于民间的，只有民间的乳汁可以浇灌出精美的诗歌之果实，而在宫廷之中，只能够让人的头脑越来越迟钝，而人也越来越脱离现实。

但丁觉得自己的诗歌都是从普通的人民之中获得的。可不是么？只有去真正感受了人民的日常生活，去亲身体会人民的喜怒哀乐，才会有足够的养分，使自己的思想不断地走向深刻。

何况，在这里，每一个人都对自己奉若上宾，但丁觉得这反而不习惯了，但丁的判断力还是保持着相当的敏锐，他发现，生活之中，敌人是必不可少的，敌人有时候能够使自己保持一种机敏。

是的，在勿罗拉，缺少的就是科索·多纳蒂这样的人。虽然他曾经害得但丁背井离乡，但也正是因为他，让但丁对于政治，对于人生体会得更加深刻。一个人只有经历了苦难，才懂得珍惜，才能够增长智慧。或许，这也是我们要感谢自己的敌人的理由之一。

但丁决定要离开勿罗拉了。

可是，离开这里，又能够往哪里去呢？现在自己已经没有固定的居所了，佛罗伦萨是肯定没有办法回去的了。那么，要选择一个既可以维持自己的生活并且能够有足够的创作资源的地方在哪里呢？

但丁在自己的头脑之中搜寻着。他想到了自己的大学生涯，在波洛尼亚自己赢得了无数的荣耀。而且波洛尼亚的确是一个让人向往的城市，在那里，有美丽的风景，有众多的文人墨客，还有懂得欣赏别人著作的高超的鉴赏者。

那么自己在波洛尼亚是否有至交呢？对了，前几天听说齐诺到达了那里！这位诗人与自己的经历太相似了，也是被佛罗伦萨流放，到处流浪，只是在波洛尼亚有几个富裕的亲戚，才找到一个落脚之处。他与但丁不但在诗歌创作上有着共同的追求，而且就连在个性上都有着很多的相似之处！

这样的一位朋友，怎么不去投奔？但丁想到这里，肯定齐诺会助自己一臂之力的。于是，就满怀期待地写了一封信到波洛尼亚。

齐诺并没有让但丁等得太久，很快就回复了但丁，在信中，他热情地邀请但丁的到来。但丁捧着这封信，真是欣喜非常，立即就辞别了司加拉，即日就赶往了波洛尼亚。

但丁与齐诺，两位有着共同语言和相似的遭遇的诗人相聚了！这对于两个人而言都是一件幸福的事情，哪一个人不希望自己能够找到一位可以与自己畅谈的知己呢？

但丁刚见到齐诺，就兴奋地喊道："老朋友！咱们又一次见面了！"

齐诺也与但丁同样的兴奋："大诗人啊，您终于找我来了！"

二人并不需要寒暄，齐诺就直接把但丁引进屋子，与他一起谈论彼此的经历。奇诺首先开口了："但丁先生，您是从勿罗拉过来的？"

"是的，我是从勿罗拉过来。"但丁说道，"司加拉对我实在是太好了，我当时并不忍心就这样离开那里，因为在那里待了一个多月，也认识了不少的朋友。"但丁说到这里，充满了遗憾，"可是，勿罗拉给了我太好的东西，而诗人注定只能够在街头寻觅自己的灵感，怎么能够把自己惯坏？"

齐诺听到但丁不无幽默的话，不禁笑了起来。但丁继续说道："我们在离别的时候甚是不舍，司加拉还流下了眼泪，让我觉得实在是对不住他。可是我又有什么样的办法呢？"但丁声音中充满了苦楚。

齐诺连忙说道："您可以把司加拉的德行用您的诗歌记录下来，让后世都知道他的优秀的美德。"

但丁点点头，说道："是啊，在现在的这个时代，正是需要有这样一位时时为着别人的人。正是因为他的存在，这个世界的崇高精神才不至于泯灭，这对于那些坚持美德而处处遭受别人的误解的人来说是多么大的支持啊！"但丁说着，就陷入了深深的思考当中，齐诺完全理解但丁的心情，也就坐在旁边，静静地看着远方的景色。

两个人后来又谈到了自己过去的种种经历，都是唏嘘不已。最后，齐诺说道："在接下来的日子，我们一起为着自己的文学理想而努力地生活下去！我们的生命应该无私地献给伟大的阿波罗神，应该坚定地在缪斯女神的身旁守护！"

但丁听得出齐诺心中充满了真诚与激动，自己也受到了感染，说道："是的，即使我们遭受到了各种各样的苦难，我们都需要坚强地生活着，并且把自己的生命最有价值地延续下去，即使自己的肉体遭受了折磨，受到了束缚，我们的精神和灵魂必须自由和幸福！"

接下来的日子，但丁就在波洛尼亚生活着。但丁发现，在这里，依然像自己在大学的时候那样，充满了创作的素材。自己能够每天漫步在民众聚集的街头，能够有足够的时间与他们交谈，听他们讲述他们自己的故事，并且听到各种各样的逸闻轶事。但丁知道，只有这种生活才是自己真正想要的。

经过种种的波折与心理的煎熬，但丁觉得自己终于找到了后半生的安身立命的地方，自己的追寻之路终于开始看到阳光了。

form
第七章 诗意栖居

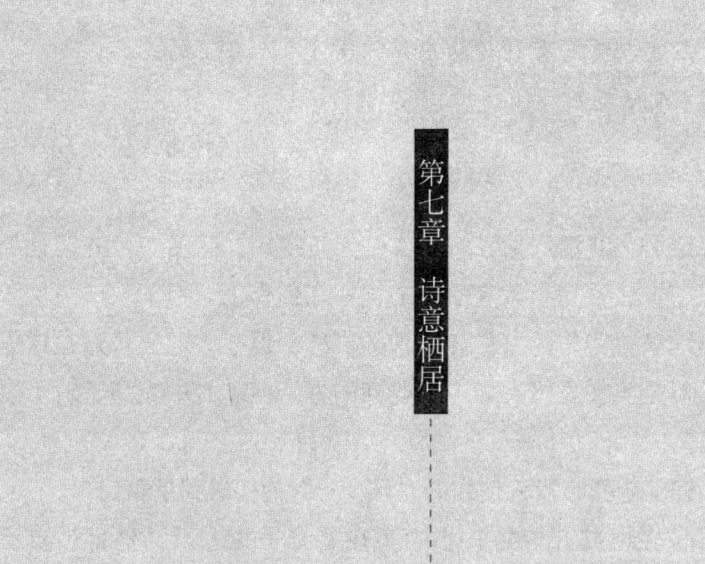

1. 马格拉河的礼遇

> 假使人类没有种种的差异，便没有业务上的差异，如何可以生活呢？
>
> ——《神曲·天堂》

但丁定居在波洛尼亚，一切都是无可挑剔。生活中，齐诺处处照顾着但丁，让他完全没有后顾之忧；在创作上，但丁从波洛尼亚源源不断地获得写作的素材和创作的灵感。但丁曾经预想过在这里的美好，但是实在是没有如今感受到的好。但丁心中充满了对于生活的感恩。

就在但丁全身心投入创作的时候，一封信件送到了家门口。

但丁轻轻地打开信封，心中实在是有一些忐忑，他害怕自己的生活又被无情地打破。想想在二十多年之前，自己在波洛尼亚的大学生涯就是被一封信件打破的，难道这一次也是如此？难道历史真的就有这么大的重复性？难道自己的生命注定了要忍受这么多的失去？

当但丁把信看完，所有的顾虑都消失了，脸上反而流露出得意的笑容。原来，这封信是马拉斯比家族寄过来的，他们遇到了一点麻烦，要求但丁出面解决。

事情是这样的。

弗兰斯齐诺·马拉斯比是但丁早就认识的一位老朋友，他住在马格拉河畔，是贵族出身，官居侯爵。当时，马格拉河畔还住着吕尼教会，两股势力共同统治着这个地方。

一个是世俗的势力，一个是宗教的势力，两家又都在同一个地方，于是，冲突在所难免。马拉斯比家族的人都是仁厚之辈，只是想着如何能够让彼此和平相处，但是吕尼主教势力却一直看着马拉斯比家族就觉得碍眼，想着法子让他们妥协，要求他们服从自己的安排。当时，吕尼主教由一个叫作恩里克·福契桥的人担任。

此人是一位贪得无厌的人，他野心巨大，总想着如何能够让马拉斯比家族滚出这块地方。他恣意妄为，处处与马拉斯比家族作对，甚至经常故意侵犯他们的领地，挑起一个个的事端。马拉斯比家族尽管处处忍让，但是对方却是得寸进尺。

幸运的是，这个人很快就病死了，接任的是一个叫作亚伯多·加米拉的人。此人与自己的前任简直就是两个对立面，他为人谦和，处处都是以上帝的诫命行事。他对于马拉斯比家族的态度也是以息事宁人为主。

只是，吕尼主教里面的人并不完全服从亚伯多的命令。他们心中的贪婪一直延续了下来。他们虽然也畏惧现任主教的威严，但是在背地里依然寻衅滋事，两家依然是不能和平。

马拉斯比最后想到了但丁。但丁在他的心中，既是好友，又是圣人般的人物。他清楚自己的这位好友不仅是一位得到上帝特别恩赐的天才诗人，而且是一位杰出的政治家和外交家。他的口才是非常了得的，初次见面就会让人印象深刻，而且有着巨大的引诱力。不仅如此，但丁一直都是以正义的事业为己任，给人的印象一直都是高尚和公义的。

这样的一个人，怎么不会取得人的信任？马拉斯比打听到，现在但丁正在波洛尼亚，于是，赶紧写了一封信，邀请但丁来这里出面调停两家的争端。

但丁手中拿着自己的好友弗兰斯齐诺·马拉斯比的信件，心中也是激动非常，一方面是自己的这样一位挚友突然写信给自己，而且对自己委以重任，可以看出对自己的充分的信任；另一方面，自己已经很久没有再参与政治上的活动了，自己似乎已经全然地成了一位文人，现在突然又接到一份"外交任务"，心中还是不禁涌出一些波涛的。

是啊，在但丁看来，自己现在虽然以写作为主，但是心中的建功立业的愿望又怎么能够说没有就没有了呢？平时，在安静的夜晚，就时不时地想起自己年轻的时候在市政厅担任执政官时候的威风，而现在实实在在又有机会展示自己的才华了。

这么大的诱惑怎么能够拒绝呢？于是，但丁与齐诺说了自己的打算之后，就起程去马拉斯比家里了。

等待着但丁的当然是热情的款待。马拉斯比一见到但丁，就立即笑开了花。他赶紧迎上前来，对着但丁热情地问候，并且把他请进自己的府邸，好好地招待。但丁自然是恭敬不如从命，享受着主人的热情。

三天之后，双方就开始谈判了。但丁的对手是一位方济各会的修士，名字也叫作马拉斯比。但丁之前打听到，这位修士并不是一位蛮狠之徒，而是讲道理的人，只要你说得有理，那么他就一定会跟你约定承诺，并且决不违背。

但丁在谈判的时候言语谨慎，他先是说明了自己的身份和来历，简单地说了几句客套话，就开始了彼此的阐述。但丁认真地听取了双方的意愿之后，以第三方的角色分析了现在他们面临的问题。

但丁雄辩滔滔，让双方都暗暗佩服他的口才与对问题的洞察力。但丁分析道，其实两家之所以会产生冲突，最重要的根源就在于两家的地域范围没有明确的界限。他说，他看到，两家都在马格拉河谷地的某些区域共同行使着权力。这样，就自然会产生利益上的冲突，如果两家能够重新分配势力范围，那么，很多的问题就迎刃而解了。

马拉斯比修士听到但丁的分析，觉得实在是有理，而且，从他的言谈之中，他看得出此人是一位真诚的人，秉承着正义的原则，对于双方都没有有意地偏袒。而但丁的朋友马拉斯比，他原本就是一个宽厚的人，并没有太多的计较之心，而且，但丁是自己邀请过来的，又是自己绝对信任的人，还有什么话可以说呢？

于是，在但丁的主持下，双方很快就达成了协议，约定在今年，也就是1306年的10月6日，共同前往主教的驻地，福斯蒂诺伏山进行最终的签字仪式。

当10月6日清晨的太阳升起来，但丁和主教以及马拉斯比家族的主要代表人物一起来到福斯蒂诺伏山，但丁先是拜见了亚伯多主教，此人的确是一位耶稣一般的人物，但丁刚刚见到他，就有一种非常祥和的感觉。

但丁走上前去，意欲跪拜主教，主教赶忙从自己的座位上站起来，和蔼地伸出双臂，抱着但丁的肩膀，说道："上帝祝福您！"

但丁接受着主教的祝福，也拥抱着这位仁慈的主教，也用亲切的语言祝福主教。但丁觉得就在此刻，自己的灵魂又一次得到了洗礼。

接下来就是正式的签字仪式了。公证人约翰·帕雷台起草了和平书，马拉斯比家族和吕尼主教共同在这一份协议书中签上了自己的名字。

但丁在一旁看着双方的整个签字过程，但丁知道，从此之后，双方一定会和平相处，在马拉河畔终于有安宁的日子了。

但丁的心中是百感交集的。他知道，这是自己生命中的又一次重要时刻。这一幕，是对于自己的肯定，自己完成了一项神圣的任务。这将得到人民的称颂与敬仰，将会被历史所铭记。

但丁又回想到了自己曾经的种种的苦难，但丁觉得自己的生命真是一段传奇的经历。小时候是那样的孤独，年轻的时候又是名誉漫天，而在自己从政之后，更是悲喜交集，后来流亡在外，更是凄凉之极。但是现在，自己又成了一个和平协议的重要参与者与缔造者。

但丁终于明白了，人的生命就是如此，有时候处在生命的高处，那个时候也许是阳光明媚；有时候却是处在人生的低谷，那个时候只有终日的黑暗。但是，无论是在人生的顶峰还是在低谷，都不会长久地停止，而是随时在交替着。我们应该要学会的就是积极地面对生活，顽强地与自己的命运抗争。

但丁的思想经过这一次的谈判，变得更加深刻了，他的锐利的眼睛对于生活看得又深入了一层。这直接体现在但丁的诗歌创作之中，他在构思《神曲·地狱篇》的时候，显得更加从容了。

大概是历史为了纪念这一事件，也是为了铭记但丁的功劳，至今，那一份和平协议依然保存在萨尔查纳公证人档案馆内，人们习惯上称之为"萨尔查纳文献"。

2. 城堡里的眼泪

> 爱神本是为给人们不断地赠送着快乐
>
> ——《新生》

马格拉河畔的和平不仅带给了当地人新的生活，而且使得但丁更加威名远扬，整个意大利都在传诵着但丁的义举，说他是一位和平的使者，并且能言善辩，公正无私。很多的人为他祝福，愿他能够写出更多的诗歌，或者让佛罗伦萨的人民能够理解但丁之前在政治上的失败，让当政的人能够接纳这一位背井离乡的正义之士。

对于但丁，这些名誉已经显得不再重要了，他享受的是在波洛尼亚的安静而丰富的生活。在这里，他能够安静地构思自己的巨著，他每天都在自己的书桌之前修修改改，然后把自己心中的新的想法都记录下来。

在写作之余，但丁也出门走走，他始终不愿意离开生活。他懂得，任何的闭门造车都不能够打动人，而且最后会才思枯竭。他会一个人漫步在波洛尼亚的大街小巷，或者跟邻居攀谈聊天，在这种寻常的活动之中寻找素材。

但丁的日子过得从未这样充实，我们的诗人从来没有这么感受到内心的幸福。

更大的幸福即将来临。

一天，但丁的家门口来了一个人，经过自我介绍，但丁知道，他是来自迦生丁的基底伯爵家族的使者。但丁赶紧把他让进屋子，热情款待。

但丁本来与迦生丁的基底伯爵并没有多大的关系，而且两者也没有太多的交往。为什么现在基底家突然来了一个使者？原来，但丁和艾利赛家族是远亲，艾利赛和基底伯爵是至交，两人经常来往，亲密无间。艾利赛知道但丁是一位非常有才华的人，于是就把但丁介绍给了基底伯爵。

当时，基底伯爵正沉迷于诗歌，他喜欢搜集和阅读各种类型的诗歌，而对于用俗语写成的诗歌更是情有独钟，经过艾利赛的介绍，伯爵也阅读了但丁的诗作，这一阅读，伯爵就立即把自己家的一个仆人叫过来，要他无论如何都要把但丁邀请过来。

使者说明了来意之后，但丁也知道基底伯爵的为人，他本来就是一位虔诚的基督徒，对于人才尤其是爱护有加，据说他家中住着几百位门客，都是他亲自邀请的，要求他们在他的家里与自己交流，并且提供一个安逸的环境让他们能够自由地挥洒自己的才能。

但丁想到，自己在波洛尼亚虽然有好友齐诺，并且有安静的环境给自己自由的创作，但是何妨换一个环境呢？迦生丁也是一个文化之城，自己去到那里，也一定会有新的发现与收获的。

于是，但丁就答应了这位使者，与他一起来到了迦生丁。

迦生丁的确是一座美丽异常的城市！迦生丁处于谷地，四周被高山环绕，一年四季如春天般温暖，出在迦生丁的人随时都能够闻到各种的花香，无论你走在哪一个地方，都能够看到绿草如茵的景象，让你觉得这是一座镶嵌在大自然之中的城市。

但丁欣喜极了，他觉得，自己就是来走一遭，饱览眼福，也是值得的，何况还能够在这里居住！

但丁来到基底伯爵的家中。他不愧是贵族之家，有三个属于他个人的城堡,分别是柏洽诺城堡,老伯纳多城堡和博比城堡,三座城堡都是建立在地势高处,远远看去,就像是在半山腰上,随着山势绵延,仿佛给一座山上了一个腰带。

基底伯爵看到但丁的到来,很是高兴,邀请但丁当天就好好地与自己讲讲诗歌。但丁自然是不推辞,也不顾自己旅途的劳累,就与伯爵畅谈到深夜。两人一见如故,相见恨晚,但丁觉得伯爵真是一位鉴赏诗歌的高手,伯爵认为自己的确没有看错人,但丁的确是一位优秀而真诚的诗人。

但丁就在基底伯爵的家中住下了。这一住就是好几年。

在这几年之中,但丁在基底伯爵的家中遇到几个让他印象深刻的女子,她们的经历对于但丁的创作影响巨大,《神曲》中的很多事情就直接取自她们的经历或者讲述,所以,在此应该好好记录这几位女子,何况,她们都是情意绵绵的人物呢!

在博比城堡,住着于谷林伯爵的女儿,叫作凯拉德斯基加。但丁在迦生丁,经常能够看到这位女子总是守在窗子之前默默地发呆,从她的眼神之中可以看出她的心中充满了哀愁。

但丁尝试着与这位多愁善感的女子交流。在经过多次的攀谈之后,但丁了解到她的父亲的不幸的遭遇。

于谷林伯爵生前是一位极有权势的人,在家里就有几百的仆人,他年轻时就养成了一种目中无人的性格,在家中,更是颐指气使,把自己的仆人当作奴隶一般看待。他经常打扮得衣冠楚楚,在人们面前总是摆出一副盛气凌人的架势,完全没有把别人看在眼中,于是,他得罪了不少的人,终于,在他老年的时候,被人陷害,遭受了残酷的刑罚,在痛苦之中死去。

凯拉德斯基加在讲述这一段经历的时候,眼中充满了泪水。她知道,自己的父亲并不是一位人人都尊敬的人,但是也并没有做过什么伤天害理的事情,为什么就遭受到这样的报应?

她哭着对但丁说道:"父亲在去世的时候,我们几位兄弟姐妹都不在身边,家中的仆人看到自己的主人遭受了痛苦,全然不加以理会，只是在一旁幸灾乐祸。父亲死去的时候一定是非常恼恨的，也许，他既恼恨别人，也恼恨自己。"

但丁听完她的讲述，心中受到很大的震动。但丁觉得，一个人自己做了什么事情，难免受到应有的报应，但是，即使是那些遭受惩罚的人，当我们看到他们的惨状的时候，也会心生怜悯的。或许，这就是我们生来就有的恻隐之心吧！

但丁在老伯纳多城堡也认识了一位女子，她叫作马奈泰莎，父亲叫作伴洪孔德，曾经参加过著名的冈巴地战役，在那一次的反对外来侵略的战役中英勇牺牲。

但丁早就有所耳闻伴洪孔德的名字，只是从来不知道他是怎么样在战场牺牲的，以至于后来的人说起他的名字，无不竖起自己的大拇指。

马奈泰莎也充满悲哀地讲述起自己父亲的故事："父亲年轻的时候就是一位军人，他作战勇猛，人们都称颂他。在那次的反击战争中，父亲与自己的战友一起往敌人的阵营中冲去，突然，他身边的一位战友倒下了，父亲见到了这个情况，赶紧俯下身，询问战友是怎么一回事。

"原来，战友不小心崴了脚。这可不得了，这是在战场上啊，怎么办？如果撇下他，一定会被马上就要冲过来的敌人的马队踩死；背着他走吗？这样就太危险了，而且，敌人就在眼前了！

"父亲最后还是不忍心扔下与自己朝夕相处的战友，还是背起了他，要往后方的伤员阵地转移，可是，就在走着的时候，父亲没有料到，自己的身后一把刀子砍过来，正中他的脖子……"

马奈泰莎说到这里，声音已经哽咽不已，她认为父亲实在是死得太凄惨，人的生命为什么就这么脆弱呢？马奈泰莎突然又问但丁："为什么人类要自相残杀？彼此都是人啊，为什么在这一方面人就连动物都不如呢？您见过哪一种的动物会自相残杀吗？"

但丁面对伤心欲绝的马奈泰莎，还能够说什么呢？只能够默默地祝福着她，愿她能够早日从悲伤之中摆脱出来，能够重新快乐地生活。可是但丁明白，对于经受过这种苦难的人，她的生命已经不可能与正常的人的生活一样了。

但丁就这样关注着自己身边的每一个人，认真地听着他们或悲或喜的故事，但丁觉得，在听取他们的故事的时候，自己就对于这个世界看得更加清醒。他逐渐更加理性地知道什么是爱，什么是恨，而什么时候，我们并不能够那么清楚地分辨出什么就是正义或者邪恶的。

这就是但丁在迦生丁的一部分的生活。在这丰富而美丽的城市，但丁觉得对于自己的写作真是一个极大的帮助。接下来等待着但丁的是更加动人的生活。

3.《神曲》功成

> 最好的思想只能来自天才与知识，最好的语言只适合于那些有知识、天才的人。
> ——《飨宴》

在迦生丁，不断地有鲜活的素材浇灌着但丁永不知足的脑袋，而他的智慧也不断地结出丰硕的果实，最后，《神曲》如一声惊雷，终于在那里诞生了！

这是一部伟大的著作，天才之作！只有但丁这样有着超凡的天赋，经历过寒窗苦读，还忍受着人生的跌宕起伏的人才能够写出这样的著作！这是一部多么伟大的诗篇啊，虽然已经过去一千多年了，依然是那样扣人心弦，当我们的灵魂暴露在这部作品面前的时候，我们不禁面红耳赤！

在《神曲》之中，伟大的诗人通过奇妙的构思，反映出当时那个时代的种种问题，实在称得上是一部"百科全书"式的著作！

全诗分成了三个部分，每一个部分都是有着相当多的内容，分成33篇，再加上一篇序诗，一共是100篇。这是一个代表圆满的数字，无疑是我们的诗人故意为之！

当我们再细看，作品的结构有着更多精妙之处。诗句都是三行一段，是连锁押韵，各篇的长短大致都相等，甚至三部之间也差不了多少。而且在每一部，都用"stelle"——"群星"作为最后的一个词。这么精彩的结构，只可惜我们现在的中文译本根本不能够体现！

我们再看看诗歌的内容吧，来领略一下我们的诗人的深邃的思想。如果一个人细细地去体会这部伟大的著作，就会发现，其实这部作品隐约可以见到但丁对于当时的事情的看法，包括教会、世俗的政权，或者是当时的一些名流。但丁都是用隐喻来表达的，所以如果我们缺乏对当时的背景的了解，或者太粗心，是不能够发现的。

在诗歌中，叙述了但丁在"人生旅途的中途"，但丁迷失在一个黑暗的森林，他找不到出路了，找了很久依然没有办法找到出口，这个时候还遇到了三只猛兽，分别是豹、狮和狼，就在危急的关头，但丁的救命恩人来了，他就是罗马的大诗人维吉尔。

维吉尔解救了但丁，并且带着他游览了地狱和炼狱。在这里，诗歌进入了主要的部分。在这些部分，很有神话的味道，但丁把自己的想象力发挥到极致，让所有阅读到这里的人都要暗暗佩服。

但丁写道，地狱就像是一个漏斗，上宽下窄，并且有九层，死后的灵魂依据生前所犯的过错而被安置到一定的层次。一个人犯的过错越大，就被打入越底层。这与中国的十八层地狱很有相似的地方。我们只要看看里面的描写，在惊异于诗人的文笔之余，不禁汗流浃背，害怕自己死后真的去到这样的地方。

在炼狱，一共有7层，加上净界山和地上乐园，一共也是9层。生前犯罪的灵魂，在地狱里面遭受了煎熬之后，他们就会逐渐地进入到这里，在这里，那些罪恶的灵魂需要继续修炼和忏悔，最后，才可以升入天堂。

在天堂，但丁并没有写得太清楚，因为但丁在即将到达九重天的上帝面前的时候，突然电光一闪，一切都消失了，而这部伟大的作品也就戛然而止。

当我们通览这部作品的时候，我们的确忍不住会佩服诗人的诗歌才能。即使是一位傲慢的作家，也会自愧不如，面红耳赤。

但丁当然知道这部作品的价值。但丁在写完的时候，就直接谨献给迦生丁的国王。国王非常高兴，对着但丁说道："但丁先生，您真是一位天才，这部作品实在是无与伦比的，这个时代没有人能够有资格与您相提并论了。如果算上历史，或许就只有您书中所说的维吉尔能够与您并驾齐驱了。"

但丁听到这样的赞美，也丝毫不掩饰自己的自豪："是的，这部作品我已经酝酿了多年，今天才正式地全部写好，它倾注了我毕生的心血，我相信它会流传下去的，一定会被后人收藏，而且不被遗忘。"

随后，国王为但丁举行了盛大的庆祝仪式，恭喜但丁能够完成这么一部伟大的作品。在这次宴席之中，很多的文人和诗人都来到了，既为但丁祝贺，也为历史上能够诞生这么一部作品而祝贺。

但丁回到自己的寓所之后依然是抑制不住自己的兴奋，于是就写了一封信给自己的好友齐诺。他在信中说道："我这部作品融入我太多的东西，我希望人们能够认真地读我的作品。我在里面写的东西表面上看是无关痛痒的，但是只要细细看，或者耐着性子多看几遍，马上就会发现每一句都有它的深意所在。"

但丁写完之后，又附上自己的新书，一起寄给了齐诺。

齐诺其实在还没有收到但丁的信的时候已经听说但丁写了一部书，震惊了很多的人，他本想也到迦生丁为但丁庆祝的，但是因为实在有太多的事情，于是没有走开。齐诺收到但丁的信的时候，自然是非常高兴，认真地阅读了但丁的著作，连连拍案叫绝。

齐诺在回信中写道："我在看了您的作品之后才真的觉得自己

才疏学浅，您真是太伟大了！您对于诗歌的熟练程度，您的思想的深刻，都让我没有办法赶超。在阅读您的作品的时候，我时常觉得您就是在写我们每一个人，因为在您的诗歌中出现的每一个人，其实就是现实中的我们的化身啊！

"我可以感受到您对于人类的大爱，这种爱是那样的单纯，又是那样的深沉。我深深地被您的这种真挚的情感感动了。我觉得您超越了荷马和维吉尔，是我们时代最伟大的诗人！"

但丁此时丝毫不再谦虚了，手中捧着这么伟大的诗篇，难道还真的需要装作一无所知吗？或许那样更加显得造作！

但丁把自己的著作拿到附近的酒馆中去朗诵，他希望周围的人都能够理解自己，并且与自己在诗歌中接受训诫。人们早就知道但丁是一位伟大的诗人了，于是都认真地听他的朗诵。其中的很多人听着听着就感动得流下了眼泪。

其中一个人说道："但丁先生，我知道您诗歌中有很多的象征。譬如，在开头，您说您遇到三个猛兽，一个是豹，一个是狼，还有就是狮子，据我想，他们分别代表的是淫欲、贪婪、和凶暴。"

但丁转过头，看了看那位客人，长得肥肥胖胖，看上去并不是一个读书人，但丁暗暗称奇，因为他说的正是自己构思的时候想到的。但丁问道："您是根据什么来猜测的？"

那个人说道："我是您的一位忠实的诗歌阅读者，我差不多把您的所有的诗歌都阅读完了，我怎么会不清楚您的作品呢？但丁先生，您不知道您的诗歌是多么有魅力，太多的人只要一接触到您的诗歌就不可自拔了。"

但丁听着这位客人的诉说，心中实在是感动不已。是啊，对于一个诗人而言，最重要的并不是因为写作而赢得了多少的金钱，最重要的就是是否得到了普通人的认可啊！但丁觉得自己的诗歌是从人民当中来的，当然应该再给普通的人民阅读。这是但丁最大的愿望了。

自从写完《神曲》之后，但丁的精神都是饱满的，他觉得自己完成了一项重大的使命，自己的人生终于没有白过。是的，诗人用自己的亲身实践来告诉世人，一个人不管出身如何，也不管他是否有着多么幸福的生活，人生的价值就在不断地创造！

4. 中年之恋

> 爱神久久抱住我不放，使我习惯于他的统治。
> ——《抒情诗》

对于但丁而言，迦生丁就是一块圣地，也是一个乐园。但丁知道，自己的故乡就在几里之外，站在迦生丁的高山上，已经可以把佛罗伦萨的人民的生活看在眼中。而在迦生丁，有一条叫作雅诺的河流，一直从迦生丁流到佛罗伦萨。但丁经常站在河边，然后默默地祝福，希望自己的愿望能够随着流水带到自己离别已久的地方。

在此时，但丁的名声在迦生丁已经如日中天，几乎是家喻户晓，妇孺皆知。但丁诗作的抄本到处传播，一时间洛阳纸贵。每个人都在吟诵着但丁的诗歌，每个人都在盼着见但丁一面。只要但丁走在大街上被人认出，就有一大群的人围过来，就像是见到了一位圣者或者先知，要求他能够为自己指点迷津。

但丁在迦生丁，也担任一些职务，他做过秘书、外交官、甚至宫廷侍役。谁都不知道但丁为什么频繁更换自己的工作，或许是但丁并没有真心想着要在官场有所建树，他已经厌倦了，之所以继续做一些杂役，只是为了能够维持自己的生计，并且能够在工作中找到创作的素材与灵感。

在平时，除了写作，但丁很少待在家里，他喜欢到处走动。有时候是在自己的住处附近散步，有时候是到迦生丁的别的地方去游览，有时候甚至走出迦生丁，或者去寻访以前的好友，或者是去拜访某一位文学大师。

一次，但丁突发奇想，居然想再一次到马拉斯比家里去重叙旧情，于是即刻动身。马拉斯比见到好友，自然是激动非常，对于但丁盛情款待。

但丁把自己最近的一些创作与马拉斯比一起分享，并且朗诵了自己的一些诗歌，马拉斯比对于但丁倍加赞赏，要求但丁经常光顾。但丁坦诚地告诉好友，他现在一心投入到诗歌的创作当中，其余的事情都不再过问。

但丁说道，自己年轻的时候总是野心太大，什么事情都愿意去尝试，虽然自己做得不错，但是终究是浪费了不少的时间。但丁特别强调，自己将拒绝爱神的亲近，应该远离爱情，因为这个东西经常容易让人忘掉自己应该做的所有事情，而完全地被他俘虏。

马拉斯比早就知道但丁一直都很难拒绝女子的青睐。只要有一个女子对但丁暗送了秋波，但丁就会神魂颠倒，以至于堕入爱河，于是，对于朋友的信誓旦旦并不真的相信，只是觉得但丁是在与自己开玩笑。

没有想到，这一次，但丁好像真的认真了起来，他说道："我这一次真的是下了很大的决心了，我应该珍惜自己的时间，把自己宝贵的剩余的时光与柏拉图、奥古斯丁或者荷马一起度过，而不应该与阿弗萝蒂特一起了，她毕竟与每一个人都不会长久，常常是倏忽即逝。"

马拉斯比笑着说道："好，我姑且信你一次，那么你应该说到做到。"马拉斯比虽然这样说道，但是心中实在是有一些不相信，只是碍于好友的面子，说一点违背自己内心的话。

接下来两个人又畅谈了很多的事情，第二天，两个人依依惜别，马拉斯比祝愿但丁能够写出更加美好的诗篇，能够把自己的才情发挥得更加炉火纯青。但丁也祝愿马格拉河这边能够永远地保持和平。

但丁回到迦生丁，就真的投入到哲学、神学的领域当中，希望在有生之年也能够帮助世人解决一些信仰上的难题。在闲暇的时间，则写写诗歌。但丁经常在阅读的时候对着自己说道："我姑且与亚里士多德谈谈恋爱也不错啊，这比在现实当中与一位女子谈恋爱有价值得多了。他既不会衰老，也不会离自己而去，最重要的是充满智慧，而不是只知道参加宴席。"

可是，这样的日子仅仅过去一个多月，但丁就被爱神的箭射中了。

那是一个秋日的午后，但丁在林中散步，他看到满地的落叶，不禁诗兴大发，在心中默默地思索着优美的诗句，要把眼前的美景写下来。就在但丁走着走着的时候，一抬头，眼前一位贵妇人打扮的人正坐在一棵大树下，她穿着一身素白的衣服，长长的头发像黑色的水流一直从后脑倾泻而下，她的脸蛋白里透红，一双大大的眼睛流露出一些意外和惊慌，在紧紧地盯着自己！

但丁觉得自己的灵魂立即被眼前的这位女子俘虏了，他走上前去，安慰她不必害怕，他只是来这里散步。这位姑娘终于镇静下来，与但丁聊了起来。原来，她是这里一位贵族的女儿，今天因为家中人都外出了，只剩下她一个人，于是就出来走走，正当休息的时候就遇到了但丁。

这之后，但丁与这位女子就开始频繁地来往。但丁被她的美貌完全地征服了，认为她就是天女下凡，而女子自然是钦佩但丁的才能。两人开始恋爱了。

但丁一旦恋爱，就是全身心地投入，他把自己的写诗的计划，还有自己的工作，甚至把自己对于故乡的深深的怀念统统抛到了脑后，他的全部的精力都倾注到了自己的恋人的身上。他希望自己能够时时刻刻与恋人相伴，一旦分离，马上就感到痛苦的思念之情。

在自己一个人的时候，但丁怀想着她的容颜，她的温和的语言，还有她生气时候的样子，总之，但丁的头脑之中，除了这一位女子之外，不再有别的东西。

但丁很想要与自己的好友分享一下自己的幸福，并且也希望能够找一个人为自己消释一点思念的苦楚，可是，在迦生丁，自己所有认识的人都没有深入到可以无话不谈的地步，但丁想来想去，最后拿起笔，写一封信给马拉斯比。

他在信中写道："老兄，您言之有理。我真的总是会受到爱神的特别的照顾。一个月不到的时间，我已经又堕入爱河不能够自拔了。但是，好朋友，您说，这是我的错吗？她实在是太美了，我根本没有办法拒绝她。"

但丁在信中还透露了自己恋爱中的很多的事情，希望与朋友一起分享，最后但丁说道："我之前那样地希望回到佛罗伦萨，因为那是生我养我的故乡，在别的地方，我总是感觉身在异乡，我发觉自己一直就像是无根的浮萍在飘荡。可是现在不一样了，我觉得迦生丁就是我的家。设想，假如佛罗伦萨突然邀请我回去，我也不愿意啦，因为，这里有我最爱的人。"

马拉斯比收到这封信之后，暗暗地在心中笑了笑，觉得这位好友不愧是诗人，恋爱总是产生得那样快。他在回信中真诚地祝福但丁，愿意但丁获得更多的幸福。

我们看到这里，是不是不禁为但丁的妻子盖玛感到冤屈？她在佛罗伦萨，用自己脆弱的肩膀扛起了一家的重担，独自抚养着四个儿女。多年之间，一直都是独自守着空房，只能够黯然神伤，她终究不会想到自己的丈夫现在既享受着荣誉，也享受着新的爱情。

是的，我们的确应该为盖玛感到深深的悲哀。盖玛是一位伟大的女性，她任劳任怨，只是在默默地承担着一个妻子的责任，在但丁被放逐之后还担当着一个家庭的责任，这是需要有坚强的人格才能够做到的。

可是另一方面，我们又能够把所有的责任都推到但丁的身上吗？我们最应该痛恨的，就是那一个时代。时代的波折分离了原本相爱的人，拆散了原本美满的家庭，因为战乱，多少人无家可归；因为仇恨，多少人因此而失去自己最亲最近的人。

我们设想，如果没有战争，如果没有仇恨，如果我们人类都能够和平相处，邻里之间能够相互帮助，那么世界上应该会多很多很多的笑脸。

第八章　虚幻之影

1. 日耳曼橄榄枝

> 什么是合理的？谁也不会怀疑，这就是美德。
>
> ——《飨宴》

但丁的恋爱并没有持续多久，两人就分手了。这并不奇怪，具有诗人气质的人的感情总是来得快，去得也会很快。何况，但丁就是一位十足的诗人，而且是天才的诗人呢？

写作，又成了但丁最重要的事情。此时此刻，但丁把自己的精力放在了修改《神曲》上。但丁是一位对于自己的作品精益求精的人，他希望自己的作品能够完美无瑕，当后人传诵自己的诗作的时候，只能够发现一个个美妙的段落，而让一些不怀好意的批评家束手无策。

但丁觉得《神曲·天堂》尤其需要修改。因为在这一部分与前两个部分是非常不一样的，这里主要是展望天堂的荣耀，甚至要直接叙写上帝的恩赐，还有上帝身旁的天使。这应该积累足够的材料。

但丁发觉自己的思想还是很不够用，自己在神学与哲学方面的修养依然有着很大的缺陷，于是下定决心再勤学一番。他跑遍了迦生丁各处的图书馆，希望能够把自己想要看的书都搜罗进自己的脑海之中。

为了获得第一手的材料或者故事，但丁还经常走出迦生丁，到别处去采撷。但丁听说巴黎有一座高等学府，里面藏着很多的书籍，很多都是别的地方难以找到的。而且在那里，有很多对于中世纪神学有着很高深的研究的学者，他们也愿意指点对于这方面感兴趣的人。

但丁没有犹豫，就直接到了巴黎。他在那里像蜜蜂采蜜一般辛勤耕耘，一点一滴地积累自己的财富。周围的人看到一位已经过了中年的人依然对于学习那样热衷，纷纷在背后赞叹，觉得但丁真是一位难得的对于真理有着这样强烈的渴慕的人。

正当但丁在巴黎与真理赛跑的时候，突然听到一则消息。这则消息几乎让所有的人感到意外，并且难以置信。但是细细想想，也是符合人间的正道的。不管如何，当但丁听到这一消息的时候，心中的激情又再一次被点燃了。

原来，不久之前，亨利当上了日耳曼的皇帝，此人心高气傲，刚刚上任就想建立一点功业。他看到佛罗伦萨一直就没有真正的和平，黑白两党到现在还没有达成真正的和平协议。即使白党现在势单力孤，但是经常发动小规模的骚乱，弄得整个佛罗伦萨鸡犬不宁。

亨利请求教皇能够授权于他，让他担任和平的使者，出面调停。教皇听到亨利的这一主动请缨，高兴得很。因为佛罗伦萨的问题一直都缠绕在他的脑中，只是一直又没有找到合适的办法能够解决。之前也试图找一个有着外交才能的人到佛罗伦萨去调停，但是又有谁愿意接下这一个难度齐天的任务呢？

教皇立即答应了亨利的这一请求。于是，亨利率领自己的侍卫来到了佛罗伦萨，开始他的调停之旅。佛罗伦萨的城民自然是对亨利热烈欢迎。

但丁听闻此事，心中很久没有再燃起来的对于回乡的渴望的火苗又再一次燃烧起来了。此时的但丁虽然已经不能够再像年轻的时候一样亲自奔赴战场，只是，在这个好机会面前，怎么能够袖手旁观呢？

他首先写了一封信给亨利，热情地赞颂他的这一为了他人，为了佛罗伦萨的壮举，希望他能够把这一件事情完成出色，能够还佛罗伦萨一个和平。那个时候，整个意大利都会对他感激不尽。同时，但丁也表达了助一臂之力的愿望。

接下来，但丁又分别给佛罗伦萨的当政者写了一封委婉而又不卑不亢的信件。他在信中真诚地劝说佛罗伦萨能够归顺了教皇，不再与白党为敌，换来的和平的环境无论对于哪一方都是一件好事情。

另外，但丁还在信中大胆地说出自己的预言，他相信这一次的调停一定能够有所收获的，希望佛罗伦萨能够顺应大势，能够听从人民的愿望。

但丁回到迦生丁，继续为着这一次的调停奔走。诗人心中又被这一神圣的任务收服了，他暂且放下了自己的写作任务，把自己主要的精力放在外交的活动中。

如果你生活在那一个时代，那么一定又会看到一位激情昂扬的人，完全忘记了自己的年龄与身份，把自己所有的一切都奉献给自己的祖国。是的，但丁就是这样一个人，为着自己祖国的利益，能够把自己的利益全然地抛在一边。这是需要怎样的一种博爱的情怀啊！

但丁在迦生丁积极地活动着，试图说服所有自己认识的权贵，希望他们能够助一臂之力。首先他找到了基底伯爵。

基底伯爵早就知道了但丁最近又在为佛罗伦萨的事情奔忙了，看到但丁这么急切的样子，也多少明白了但丁的来意，于是说道："但丁先生，您最近真是操劳啊，听说佛罗伦萨有希望恢复和平，教皇亲自指定日耳曼皇帝亨利到那里去调停？"

但丁没有想到基底伯爵自己亲自提出这一问题，有些意外，说道："您消息真是灵通。是的，佛罗伦萨是我的故乡，我听到佛罗伦萨又迎来了新的希望，我别提有多么高兴了。"但丁说着就兴奋起来，好在反应过来，才不至于忘乎所以。

基底伯爵故意问："那么您这一次这么匆忙找我就是为了佛罗伦萨的事情吗？"

但丁暗暗佩服伯爵的眼力，一下子就看穿了他的意图，于是也就直截了当地说道："是的，我这一次来，是希望您能够帮助佛罗伦萨尽快地恢复和平。我知道您有这个能力。您是一位慈善而且疾恶如仇的人，我想，您应该不会拒绝吧？"

但丁说完，心中七上八下的，真的害怕伯爵拒绝自己的请求。如果真是如此，自己又能够怎么办呢？事实上，伯爵本来就没有任何的义务帮助自己或者佛罗伦萨的。虽然佛罗伦萨与迦生丁只是隔着几里之地，但是两家毕竟没有太多的来往，于是，佛罗伦萨的情况几乎不会影响到迦生丁的发展。

伯爵看了看但丁，突然哈哈大笑起来。但丁以为伯爵是在嘲笑自己，正要生气，伯爵说道："我全然可以体会您的心情。其实我早就知道您的来意了，刚才只是故意跟您开一个玩笑，请您千万别见怪。

"我知道您一直以来都希望能够重新回到佛罗伦萨，因为那里是你的故乡。您在我这里住了那么长的时间，您也的确为我做了不少的事情，就单单凭着您的诗作，我对您的要求也没有理由拒绝的。"伯爵说到这里，但丁已经是欣喜非常了，又听到伯爵说道："我对于佛罗伦萨也是有感情的，我小的时候经常去佛罗伦萨，那个时候的佛罗伦萨和平而且繁荣，一派欣欣向荣的景象。可是现在因为相互之间的争斗而使得人民的生活一日不日一日，我看在眼中就觉得遗憾。这一次，日耳曼的皇帝亨利能够自己出来到佛罗伦萨调停，实在是一件幸事，我会尽自己的微薄之力的。"伯爵停了一会儿，向着但丁继续说道："您只管放心，您接下来如果有什么要求，只管对我说，我能够帮上的，就一定不会拒绝的。"

但丁听到伯爵如此坚定的承诺，心中很是感动，对着伯爵就想要做一个深深的感谢之礼，伯爵扶住但丁，说道："我知道您的心，您就勇敢去做吧，我支持着你！"

得到了基底伯爵的支持，但丁的信心又增加了不少。但是但丁还是马不停蹄地继续奔走，他又到司加拉家里去寻求帮助。这是他第三次寻求司加拉的帮助了。司加拉本来就是一位慷慨之人，何况但丁是自己的旧交，于是丝毫不介意但丁三番五次的求助，也满口答应在需要的时候帮助但丁。

就这样,但丁不断地打听关系和寻求帮助。最后,亲自找到亨利皇帝,告诉他自己所做的努力,亨利皇帝只是紧紧地握着但丁的手,心中充满了对于这位热心人的感激。

等待着但丁的是光明还是又一次的失望呢?

2. 好事多磨

> 一粒种子落在不良的土里不易发育。
>
> ——《神曲·天堂》

但丁每天都在幻想着重新进入佛罗伦萨城。当自己回到久别的故乡,将会怎么样表达自己的激动之情呢?用一首诗歌来表达,还是直接向着城门大吼一声?啊,真是让人期待着的日子啊!

可是,无论但丁如何在迦生丁守望,都没有见到亨利国王南下意大利的影子,但丁开始焦急了:发生了什么事情阻挡了国王的脚步吗?难道国王又改变主意了?为什么还没有行动就放弃了呢?但丁整天都忧心忡忡。

基底伯爵从家仆的口中得知但丁整天都在担心,就来到但丁的住处,安慰但丁:"国王会来的,您就耐心等待一些时候,一个国家的国君哪有言而无信的道理?您得注意自己的身体啊!"

但丁心中实在是难受,他甚至觉得自己已经有预感,这一次又是一场梦,最终依然会是一场空。他对着基底伯爵痛苦地说道:"这难道又是一场欺骗的把戏?我永远不可能回到佛罗伦萨的……一切都是幻想……"

基底伯爵看到但丁这副模样,也觉得难受。是啊,为什么已经两个多月过去了,还是没有丝毫的消息?基底伯爵知道但丁怀着强烈的愿望希望能够回到佛罗伦萨的，于是就继续安慰道："您别太担心，我帮你也打听打听，我派一位仆人亲自前去探个究竟，一定能够打探出消息的。"

听到这样的话，但丁心中感受到基底伯爵实在是对自己照顾备至，就对伯爵千恩万谢了一番。他知道，伯爵如果亲自派人打听，就一定能够打听到实在的消息的，自己只要再忍耐几天，就能够知道真实的情况了。

这几天真是过得艰难，但丁整日都守在家里，等着基底伯爵来告诉自己消息。他怕伯爵来找自己的时候不在家，于是竟然连门都不出去。

等了三四天的工夫，但丁远远地就听到基底伯爵的脚步声从门口传来，赶紧跑出门去，还没有邀请伯爵进屋子，但丁就问起来了："我尊敬的伯爵，您有新的消息了吗？"

伯爵看到但丁急不可耐的样子，也不介意他的失礼，告诉但丁："亨利国王11月份就要来到意大利啦！"但丁一听，真是难以相信自己的耳朵，重复着说道："真的？就在今年的11月份？亨利国王将要来到意大利？您没有骗我吧？"

基底伯爵发觉但丁的样子实在是好笑，就像是一个三岁的小孩子在向自己的父亲撒娇呢。微笑着对他说："千真万确，绝对没有错误的，您放心吧，您就安心再等待一个多月，国王马上就要启程了！"

但丁真是欣喜若狂，在自己的房间里走来走去，来回踱步，嘴里面不断地说着："国王就要来了，国王真的要来了！""我就要回到佛罗伦萨啦！哈哈，佛罗伦萨啊，我就要回到您的怀抱啦！我是您的儿子啊！"

就在这个闲暇的时间，但丁为了让日子过得快一些，还是硬着头皮在自己的书房里写作。但丁发愤著述，居然也写出了一本《论世界帝国》。这是一本政论文，后来也成为但丁的一部代表性的著作。在这部书中，但丁详细地讲述了自己的政治设想。

基于对意大利统一的愿望，但丁设想建立一个统一的大帝国。在这本书中，但丁主要是探讨三个主要的问题。

第一，为了世界的和平以及人民生活的发展，有必要建立一个团结并且为着共同的目标奋斗的大帝国。只有在彼此和睦的情况之下才能够进行有效的生产。现在的意大利，分崩离析，各自为政，所以都发展缓慢。

第二，只有罗马人才有资格掌管世界帝国的最高的权力。一方面是罗马历史悠久，到目前为止已经建立了将近两千年的国家，同时，罗马人有着所向披靡的军团，他们有着强大的战斗力。再者，罗马是基督教的中心，宗教的号召力是强大的。

第三，但丁基于自己对于基督教的信仰，他相信，这一大帝国的力量是来自上帝的，而不是世俗的国王或者教皇。他们都只是一个代理者，都没有最后的决定权。

但丁的这部著作出来之后，也得到部分的人认可，但是终究存在较大的幻想性，远没有他的诗歌动人。

但丁依然在焦急地等待。

1310年，11月，亨利国王启程了！

整个意大利都欢呼声一片。老百姓都知道，一个救世主就要降临，自己遭受的苦难就要结束了。这样的喜事儿怎么不让人高兴得跳起来？

亨利国王来到了艾斯蒂城，这里是意大利西北部的一座城邦。他刚刚进城，就受到了热情的款待。艾斯蒂的国王亲自出来迎接。同时，后来当但丁听到消息之后也感到震惊的是，马拉斯比家族和司加拉都前去迎接！

马拉斯比从自己的城堡中直接来到亨利国王的面前，向他说道："您的慈悲情怀让我们都很感动，我们都愿意全力地协助您，我们热切地希望您能够帮助我们意大利恢复昔日的和平。"说完，就跪倒在国王的面前，就像是跪拜教皇一般的虔诚。

亨利国王见到马拉斯比对自己能够这样的忠诚，也是怀着一颗赤诚之心，也是感动不已，连忙扶起马拉斯比，动情地说道："我也只能尽我的一点绵薄之力而已，我会怀着最大的信心去做好接下来的事情，请您放心吧！"

马拉斯比从亨利国王的话语中完全可以感受到一种坚定的信念，他在心中默默地说道："我的好友，但丁先生，您要是能够听到国王说的话多好，您一定会兴奋异常！放心吧，我们意大利将有救啦！"

接着，司加拉也上前去向亨利国王问候。亨利国王依然是真诚地接受，并且以同样的热情向司加拉还了祝愿。司加拉在受到但丁的请求之前，其实本有帮助国王的意愿，他也觉得，自己虽然年纪已经一大把，但是为了自己的国家出力还是理所当然的，这一点的微薄之力为什么要吝惜？只愿天下的苍生能够平安。

但丁此时依然在迦生丁，因为当时但丁刚好有事情耽搁，所以没有来得及亲自去迎接，他只能够在自己的房间里兴奋地手舞足蹈，完全就像是一位三四岁的孩子因为得到父亲奖励那样高兴异常。

但丁赶紧写信给自己的好友齐诺，在信中强烈地表达了自己的兴奋之情，要求齐诺也能够像他一样的兴奋。但丁最后在信中写道："您知道，我一直都在盼望着这一个时刻，我也相信始终是会有机会再回到佛罗伦萨的。并且我相信这一次一定比前次的希望更大，因为你不知道亨利国王有多么能言善辩并且善良仁慈！"

其实当时齐诺也早就听说了亨利国王到来的消息，也在自己的家里激动非常。只是他没有像但丁一般兴奋。当他接到但丁的信件的时候，真是难以相信自己的好友对于佛罗伦萨抱着如此之高的感情。他立即回信叫但丁不要如此激动，这样子对自己的身体实在是不好。如果这一次的调停能够顺利，那么最后的胜利果实终将会到来。

但丁收到齐诺的复信之后，感觉有些生气，觉得自己的朋友实在是不能够理解自己的心情。但丁认为，即使不为自己高兴，也应该为自己的国家欢呼吧？一个人的爱国热情是重要的，绝对不可缺失的。

对于但丁而言，战事的和解的确并不只是代表自己能够回到佛罗伦萨，还包含着他自己对于祖国的忠诚，以及他心里悲天悯人的情怀。他经常质问上帝，为什么要让善良的人受难？为什么要发生残害人的战争？

所以，只要是有了和平的希望，但丁怎么能够抑制自己内心翻滚的情绪呢？

3. 两张王牌

> 智者不会关闭原谅的大门，能原谅，就无异在战争中取胜！
>
> ——《抒情诗》

亨利国王进入意大利之后，受到了热烈的欢迎。他走到哪里，哪里就有了和平。

在意大利的北部，卡萨列，佛塞利，诺伐那这些城市都顺从在了亨利国王的麾下。这几座城市原来也是像佛罗伦萨一般，遭受着不同的政党或者教派纷争的折磨，生活在其中的人民时时都有着战乱的忧虑，害怕自己的生命突然之间就结束了。

当亨利国王来到的时候，这几座城市的人民都欢呼雀跃，等待着他的拯救。亨利国王利用自己出色的演说辞令，说服了这几座城市的统治者，让他们停止各种的争斗，而是以全城人民的幸福生活为重。

亨利国王的话在这些人当中起到了非常大的作用。他们觉得亨利说得实在是有道理。恢复城市的和平无论从哪一个角度说都是有益的，只是对于当时的较强的势力来说，必须要放弃一些利益。但是如果一个人有足够的远见，他就会知道，所有的放弃都是暂时的，因为这种放弃换来的东西终将加倍地补偿所有的损失。

在这三座城市接受了亨利国王的建议之后，意大利的米兰城也在亨利的帮助下恢复了和平，整个意大利为之欢呼。

在米兰，皇家的代理人玛德奥·维斯凡蒂对于米兰的总主教怀着深深的仇恨心理，而后者也对于前者充满了敌对的情绪。他们都认为对方的存在对于自己的权力的行使是一种极大的阻碍，如果一直不闻不问，对方甚至有可能成为自己的威胁。

两股势力在相互争斗，彼此互不相让。在各种的明争暗斗中，两方互有胜负，但是最遭殃的还是米兰城市之中的人民，他们遭受着各种可能到来的灾难。

亨利国王的行营当时就驻扎在米兰城市郊外的数里之外。他下定了决心要帮助米兰城恢复一种没有相互争斗的环境。

在了解了各方的情况之后，亨利国王只带着三五个仆从，就来到了玛德奥·维斯凡蒂的官邸，先是拜访了他，问他是否有意愿与主教和解。玛德奥表示其实自己的内心也有这种想法的，因为谁都不希望打仗。但还是不希望主教把自己的势力限制在他们之下，听从他们的号令。

于是，亨利国王又来到了主教的府邸。得到的答案与玛德奥的差不了多少。于是，亨利国王立即在心里想到了解决的办法。

亨利国王把米兰城的居民召集到圣安博罗大教堂，然后邀请主教安德烈·托莱和玛德奥也到了教堂。在亨利国王的安排之下，就在这样的环境之中，两个曾经势不两立的对头终于握手言和，答应在以后的日子里能够相互尊重，互不侵犯。他们开始明白，通常的冲突都是因为自己内心的贪欲所致。

亨利国王在调解了米兰城市的争端之后，信誉大增，他的名字几乎在意大利的任何一个角落都能够听到。

但丁当然也一直在关注着亨利国王的新的进展，当他听到亨利国王顺利地解决了米兰的问题的时候，非常高兴，立即写信给了齐诺，在信中真诚地表达了自己的喜悦。

但丁在心中想道，亨利国王能够顺利进入佛罗伦萨吗？因为佛罗伦萨毕竟不同于米兰。在佛罗伦萨，黑党具有更大的野心，他们想着能够一直统治佛罗伦萨，不受到外来的干扰。但丁实在有些担心，佛罗伦萨的大门是否会一直敞开着，等待着亨利国王的进入。

果然，佛罗伦萨黑党的成员一起组成了一个委员会，商量着如何对待亨利国王的调停。黑党里面真如世人所知道的，有很多非常有政治头脑的人，他们把事情看得非常透彻。他们知道亨利这一次之所以那么顺利的原因。

在他们看来，亨利国王之所以能够进展这么快，他的能力固然是占了一部分，但是最重要的还是他受到了各个城邦的人民的认可。因为普通的人民总是害怕战乱的，只要谁能够给他们和平，那么他们的心中就会相信谁。

亨利国王既然说要还给他们和平，人民自然拥戴他，于是，他所到之处都能够受到百姓的欢迎，而在米兰等城市，当政者都是一帮没有主见的人，都容易受到别人的引诱，很容易被别人所说服。

黑党的人认为，在米兰，无论是国王还是主教都是意志不坚定的人，而且目标不明确——如果是认定了要全部占有，就不应该对别人让步，只有坚持自己的目标，然后愿意做出牺牲，即使是全城的和平，那都是值得的。

事实上，当时的佛罗伦萨也是一派繁荣的景象。全城的人都在等待着亨利国王的到来，在很多人眼中，亨利国王就像是有魔法，他所到之处，就一定不再有战争和各种的苦难。

只是黑党的人一致认为不应该让亨利进入佛罗伦萨半步。黑党怎么愿意把自己已经获得的权力交出来呢？他们怎么愿意让一个日耳曼人干涉自己的内政？怎么会允许一个外族之人对自己的政策指指点点？

再者，让白党重新进到佛罗伦萨，那不是引狼入室？即使黑党保证不再起争端，谁又能够让白党的成员都不闹事呢？是的，黑党的这种担忧也是很有道理的，因为当时的白党也并不比黑党好多少，里面的人也是野心勃勃，只是为了自己的利益而奔波，全然不管自己人民的生活。

黑党言辞直接而坚定地拒绝亨利的进城。亨利国王在佛罗伦萨城的外面束手无策。

但丁也开始焦急了，他自己头脑中的预料又一次被证明是真实的。这对于诗人而言实在是太难接受了。当自己的头脑之中出现了一个不幸的预感之后，就已经足以剥夺晚上的正常的睡眠了，如果还让这种预感变成现实，那么简直可以让一个人发疯。

这一次，对于但丁而言，因为经历了太多的从希望到绝望的事情，于是也并不再觉得太难过，他开始冷静下来，认真地分析事情的原因，他试图找出问题的实质，为什么佛罗伦萨的黑党有这么大的底气能够拒亨利国王于城门之外。

经过细细地探听与思考，但丁发现，黑党有两个大大的王牌。正是这两张王牌的存在，让黑党有恃无恐，最后可以直接拒绝了亨利。

第一个就是教皇。但丁得知，教皇当初之所以支持亨利国王来意大利调停，并不是全然出于对意大利的怜悯，而是有着自己的打算。他发现，越来越多的人开始挑战神学，很多的人都会明敲侧击地反对教会。这对于教皇而言，是一种严重的趋势，是应该抵制的。

可是，应该通过怎么样的方式呢？是模仿中世纪，把这些异教徒钉在十字架上吗？不，这种残酷的方式一定会遭到无数人的反对。正确的方式，是应该利用一个世俗的力量，让他们帮助自己抵抗这些势力，从而维护教会的权威。

于是，教皇就选中了亨利国王。因为亨利国王对教皇表现得非常忠诚，并且有一定的能力，有足够的智慧与异教徒周旋。

黑党正是看到了教皇的这一私心，于是他们就想出一个办法，试图离间教皇以及亨利国王。他们对教皇说，亨利国王已经露出有违教皇的迹象了，应该未雨绸缪，提防着亨利也会反对教皇。所以，更加不能够让亨利继续发展自己的势力，免得他使自己的力量越来越大，到时候就难以对付了。

教皇虽然半信半疑，但还是不能够排除这一种可能性，于是也就不再像以前一样大力地支持亨利国王。甚至有意无意之间开始听从黑党。这样一来，黑党的威胁立即就小了很多。

黑党第二张王牌就是拿坡里国王罗伯特。此人也是一位亨利的死对头，根本就不听从亨利的一套，在自己的管辖范围之内坚持独裁的统治。对于黑党而言，罗伯特正是站在自己一边的人，于是，就与罗伯特结成了联盟，两个城邦互帮互助，抵制着亨利国王。

就这样，在种种的原因的束缚下，亨利国王的脚步停滞在佛罗伦萨的城门外……

4. 处死令

> 由一个不合格的法官来处置非但不是惩罚，那简直是不法行为。
>
> ——《王国论》

历史上，正义的事业往往会受到顽固的旧势力的阻挠，如果坚守正义之士力量不够强大，则会让事情胎死腹中。但是也正是因为失败与成功的交替，让我们在阅读历史的时候能够感受到一种惊心动魄。

只是，如果自己就身处那一个时代，并且自己也参与到一项受到重重阻碍的事业中，那么，就没有什么惊心动魄可言了，而只有无限的痛苦与愤恨。

但丁一心想要回到佛罗伦萨，本来看到亨利国王在意大利的北部受到热烈的欢迎，以为在佛罗伦萨也会得到应有的接待，但亨利国王却被黑党的人拒之门外——这也就意味着但丁没有回去的希望了！

很快，几个月又过去了，亨利国王还是在北部地区徘徊，丝毫没有能力把步伐迈进南部。但丁在迦生丁，时刻地惦记着，他终于坐不住了，于是匆匆北上，要去亲自拜见亨利国王。

亨利国王听到但丁来到，很是意外，他早有耳闻但丁是一位伟大的诗人，而且对于自己的这一次出行也出了不少的力气，就立即接见了但丁。

但丁当时因为忧心过度，自己的身子又消瘦了许多，给人弱不禁风的感觉，亨利国王看到但丁，关切地说道："欢迎您来到，我知道您是一位诗人，而且对于我们的事情非常关心。我知道佛罗伦萨是您的故乡，我也会尽力让佛罗伦萨恢复和平的。"

亨利国王丝毫没有国王的架子，对于但丁爱护有加，但丁很是感动，觉得亨利国王实在是有苦衷的，于是就说道："谢谢您，我知道您现在遇到了非常大的困难，如果可以帮助你们，我是会很乐意的。我希望你们也能够加快自己的行程，尽早进入佛罗伦萨。"

但丁说到这里，认真地看了看亨利国王，他微笑着看着自己，还不时地点头，但丁相信国王并没有觉得自己的话有什么不尊重的地方，就继续说道："我明白黑党那一群人，因为我曾经与他们打过交道。他们都是贪心不足并且心狠手辣之辈，给他们越多的时间，他们就有越多的时间准备。"

亨利国王是一位很喜欢别人给自己建议的人，听完了但丁的话，觉得很是有理，就高兴地说道："但丁先生，您的话提醒了我，我觉得很有道理。没有错，我们应该当机立断，不能够一再拖延，白白浪费了大好的时间。"

亨利国王接着又说道："我们之前就一直担心黑党有太多的帮手，我们到时候有可能会陷入失败而不能自拔的境地。可是现在想想，这种担心又有什么作用呢？只会让自己手足无措，犹豫不决罢了。"

就在但丁见到亨利国王的第二天，也就是1312年的四月，亨利国王真的发下命令，要求全部的兵将即日启程，到意大利南方的比萨去！这座城市离佛罗伦萨已经不远了。

但丁听到这一个消息，连连祷告上帝，他觉得一定是上帝垂听了自己的话语，让亨利国王终于鼓起了冲锋的勇气。但丁写了一封长长的信，要求寄给亨利国王，信的内容都是对于亨利国王这一举动的赞美，并且祝福国王能够在接下来的行动中取得顺利。

其实比萨是当时白党流放者比较集中的地方，里面的人当然都是亨利国王的忠实的听从者。他们宣誓，不管国王做出什么样的决定，都会誓死跟随。在比萨城中的百姓更是对国王顶礼膜拜，认为亨利国王就是一位救世主。

亨利在比萨城休整了几天之后，就亲自领兵朝着佛罗伦萨进军了！佛罗伦萨黑党看到亨利的军队，赶紧集合早就整装待发的士兵，出城迎敌。

双方发生了一次直接的对抗！由于双方都是早有准备，士兵们都是受到了专门的训练的，于是战斗进行得格外惨烈，将近一天断续的斗争，互有胜负，于是双方都暂时歇仗。

亨利国王的军队驻扎在圣萨尔维。原本想着几天之后再发动一次攻击的，不幸的事情发生了。

亨利国王的军队虽然在战场上骁勇善战，视死如归，但是在没有战斗的时候，他们就把自己的精力放在了普通的百姓的身上。也就是说，亨利国王的军队纪律差得很，他们经常在休息的时候出去打家劫舍，调戏当地的妇女，甚至屠杀无辜的百姓。

老百姓逐渐开始厌弃亨利国王和他的军队了。老百姓不禁在心中有些怀疑：一个连自己的军队都管不好的人，能够把自己的城邦交给他吗？

有时候上天总喜欢雪上加霜。一连几日，大雨倾盆，亚诺河河水暴涨，很快就淹没了附近的地方。亨利国王的军队也受到了影响，他们的处境越来越危险，很多士兵的帐篷都已经被水淹掉了。

面对这样的天灾，亨利没有办法，只能够宣布暂时撤军，先回到比萨城。于是，初次对于佛罗伦萨的进军就这样半途而废了。

但丁对于这一次的撤退是看得很清楚的。他认为，这一次撤退，等于宣布了再也不可能回到佛罗伦萨了。他很清楚亨利国王的军队的实力，他没有办法承受这样三番五次的进退。

那么，佛罗伦萨就只能被黑党永远占据了，而但丁，注定到生命结束都只能够在外漂泊了。

事实也的确如此。亨利国王撤退之后，黑党的人大设庆功宴，共同庆祝自己的胜利。他们认为那一次的洪水一定是上帝发出来的，上帝是要保全佛罗伦萨啊！

黑党的人都是喜欢把对手斩草除根的。他们虽然获得了胜利，但是他们害怕亨利有一天又东山再起，于是，赶紧打出了他的两张王牌。

他们首先联系了拿坡里国王，要他正式宣布反对亨利国王，要与他一决高下。拿坡里国王本来就因为政见不和的原因非常恼恨亨利，这一次得到黑党的支持，就答应了下来，正式宣布与亨利从此进入战争的状态。亨利国王当然不能够任凭拿坡里国王反对自己，就要发兵征服他。

这时，黑党又写了一封信给教皇，告诉他，亨利国王马上就要排除异己，攻打拿坡里国王了，这是为了他自己权力的扩大而做的努力，身为教皇，应该阻止他的这一行动，否则，将来会直接威胁到教皇自己的统治。

教皇不明就里，又是一个多疑的人，于是听信了黑党的话，要求把亨利国王的教籍革除，并且表示不再支持亨利。

亨利听到这一突然的变故之后，打击甚大，而当时又正值盛夏，身体就发起病来。他每天都卧床不起，身体忽冷忽热，脸色铁青，眼睛没有神采，经过医生诊断，他是患上了疟疾，而且已经并入膏肓。

1313年8月，亨利国王终于在忧愤之中死去了。在临死的时候，他一直惦记着自己没有完成的事业，在声音中充满了悲怆的绝望，他诅咒着陷害自己的人，认为那些人真是卑鄙得很。

但丁得知亨利去世的消息之后，差一点就要晕过去，这实在是太大的打击了。一方面，亨利国王和蔼的面孔和伟大的灵魂早已经深入但丁的头脑之中，但丁觉得这样的人应该得到上帝的厚爱的，但是没有想到一下子就被病魔夺去了生命。

另一方面，但丁知道，亨利国王这一死去，也就意味着自己的梦想再一次地破灭了。这对于但丁来说实在是又一次巨大的打击。有多少次这样从希望到绝望的经历了呢？但丁一次次地忍受过来，现在相似的事情又再一次发生，真是难以置信和接受。

但丁突然有一种幻灭感，难道自己真的是被别人玩弄的棋子？为什么自己的愿望会一次次地破灭？

但丁想不通。

第九章 悲喜拉文纳

1. 拉文纳初印象

> 好东西适合于有价值的，更好的东西适合于更有价值的，最好的东西适合于最有价值的。
>
> ——《飨宴》

亨利已经死去，也就意味着最后的希望也破灭了。那么接下来路在何方呢？将要往哪里去？现在已经无家可归，只能够一直这样寄人篱下了。

是在迦生丁过完自己的余生，还是回到勿罗拉，或者马拉斯比那里去？但丁觉得自己的心中已经没有了丝毫的激情了，他对于自己接下来的日子也并没有太多的奢求了，他只是希望能够有一个安逸的环境让他能写作，完成《神曲》的修改，并且创作一些新的诗歌。

就在但丁犹豫不决的时候，波浪打家族有一个叫作基独·诺武罗的人，他是意大利的大富豪之一，家财万贯，但是乐善好施，而且喜爱文学与诗歌，他住在拉文纳，得到但丁的消息之后，就派遣一位使者到但丁的家中，邀请他到拉文纳。

那位使者说道："但丁先生，我们家的主人是您的诗歌的忠实的阅读者，他非常希望能够见您，如果您能够去拉文纳，我们主人承诺会给您提供日常的用度，您的时间将可以全部用来写作。"

顿了顿，使者补充道："在我们的家中，只要没有得到您的允许，将不会有任何人来打扰您，包括我们家的主人。"

但丁听到使者的话，心中不禁想象着主人的形象，他觉得，这位主人是意大利都有名的富裕之人，却依然对于自己的诗歌情有独钟，给自己的条件又是这样的无可挑剔，一定是一位真正的珍惜人才的人了。

于是但丁说道:"我很高兴去您那里,我明天就跟着您回去。我现在正是需要人帮助的时候。我相信你们家主人是一位乐于助人的人,我会在他那里专心创作,并且奉献我的才能——如果你们需要的话。"

但丁在启程之前,首先写了信给自己的好友齐诺,告诉他自己的近况,并且说明自己即将去拉文纳。他在信中说道:"拉文纳据说是一座历史悠久的地方,而且有着优美的景色。我到了那里之后,一定要好好地欣赏欣赏,一是增长自己的见识,另一方面或许也会有利于自己的创作。

"拉文纳的主人派遣的使者非常客气,他说能够让我在拉文纳只管自己的写作,而生活方面完全由他们照顾。您知道吗,这对于我来说,是多么重要的事情啊。我现在已经日渐衰老,精力已经不足以让我像年轻的时候一般拼命写作,所以我必须节省下生活中的时间,以便有足够的时间。

"我是一个对自己要求很高的人,尤其是在自己的灵魂方面。我自然相信人是有灵魂的,而且对我来说,灵魂方面的培养将会远远胜过在肉体上的满足。我知道我年轻的时候也放纵过自己,但是现在,我终于悔悟过来,我应该注重自己的精神的生活。只有这方面的生命才是永生的。

"现在的人至今都没有明白这一问题,因此,他们借着反对宗教的旗号,大肆地纵容着自己的私欲。我想这是错误的。我们应该摆脱的是禁欲主义,而不能够太过头。

"我此次之所以去拉文纳,就是因为我觉得那里将会给我应有的安宁,能够让我直面自己的灵魂,审视自己。我想这是大大有利于我的诗歌的。"

但丁来到了这个宁静的小镇,开始了他的新的生活。但丁觉得自己将在这里度过自己剩下的人生了,所以,对于这座城市就格外地亲切。

他发现，在这里，战争的气象是绝对找不到的，人们彼此之间都是那样和善，相互之间都是那样真诚。由于地方并不是很大，一些小的村庄里面，只是住着十来户人家，于是，彼此之间就像是亲密的亲戚，在有空的时候都是相互串门，聊天，或者帮助对方完成家务活。

但丁很喜欢这样的小村庄，他觉得在里面生活的人心地都很善良，而且很淳朴，彼此之间没有争斗或者欺骗。每一个人几乎都没有自己的大秘密，事实上想藏也藏不住，一家发生了什么事情，总能够让别的人家知道。

在拉文纳，有着很多的教堂，有许多都已经有很长的历史了。但丁每一个礼拜都要进去参加礼拜日。他在敬拜上帝的时候，总要跟里面的人进行一番交谈，但丁觉得，这里的人的信仰并没有受到大城市的污染和干扰，他们依然相信上帝的全知全能全善，他们坚信自己死后能够得到拯救。最为重要的是，但丁发现，他们也不会因为谁犯了宗教的过错而接受没有人性的惩罚。

但丁问一个信徒："先生，你们从来就没有质疑过上帝的存在吗？"

那位信徒疑惑地说道："这怎么会呢？怎么可以呢？我们的心中永远怀着一位至高无上的上帝，我们都是他的子民，我们都因为他而得到拯救。我们不能够抛弃他的。"

但丁又问道："那么你们这边就没有发生过被判处宗教异端而被屠杀的事情吗？"

信徒听到但丁的话，脸上露出一丝悲哀，但是随即又流露出一阵欣喜，说道："曾经，据我的爷爷告诉我，他的父亲——也就是我的曾祖父，就是因为违背了教会的诫命而被判处了火刑。这是一个悲剧，我一直都记在心里面。我知道这绝对不是上帝的安排，而是有人错误地传达了上帝的旨意。"

他接着说道："但是自从我爷爷那一代人起，就再也没有发生过这样的事情了，我们都学会了尊重人的生命，上帝是不会答应结束一个人的生命的，因为这种权力只有上帝才有，而我们是上帝的子民，所以上帝也绝不会因为愤怒或者别的感情而杀害我们。"

但丁听着这位信徒的话，实在是受到了很大的震动。他甚至觉得这位信徒说出来的话比自己思考的都还深入。大概这些思想都是他们这里的人的普遍的观念了，并且得到了一点一点的实践。这是非常珍贵的，但丁觉得，这个世界的确是需要上帝的，但是绝对不能够利用上帝的权力而毁灭别人。

在这样民风良好的地方，但丁好像是获得了新的生命，心情都是怀着感激与喜悦的。在这些日子里，但丁的创作进度提高很快，他几乎就要完全把《神曲》修改完毕，这本惊世骇俗之作将要正式地定稿了。

在创作之余，或者是自己创作的思路遇到了阻碍的时候，但丁总是喜欢到拉文纳的郊外走走，因为拉文纳有很多的小树林和小山坡。在这里，既有潺潺的流水，青葱的小树林，也有古木参天的大森林。但丁走在这些地方，就觉得与自然结合在了一起，感受到自己重新回到了与自然合二为一的境界。

他喜欢躺在一片碧绿的草地上，最好旁边就有一条小溪，四周不应该有人，只有树上的鸟儿与自己做伴。他会时而闭上眼睛，舒展自己的身体，让身下的小草抚摸自己的肌肤，时而又大睁着眼，倒看着周围的美景，像是一切都颠倒过来。

每当这个时候，但丁就像是一位大孩子，就像是怀着一颗只有18岁的心，能够倾听到大自然的心跳。他觉得，自己虽然年纪已经一大把，但是心却要一直保持年轻，最好是保持到童年，只有这样，才能够感受到生活中微妙的可以写进诗歌的事情。

但丁在拉文纳就这样过着安静的日子，基独·诺武罗真的没有打扰他，也没有对他提出什么要求，但是却一定会为他准备上好的住宿与饮食。但丁在心中充满了对他的感恩，但是但丁并没有多说，因为他觉得基独是真的爱惜人才，而且这种爱惜超越了个人的好恶与利益。

这时候，但丁又觉得自己是幸运的。即使自己回到佛罗伦萨的愿望一次次破灭了，但是每一次都能够获得别人的帮助，而且都能够认识几个善良的人。那么，自己还有什么不满足的？

但丁又开始乐观地生活，在平淡的生活之中感受平淡的韵味，并且把这种感受记录在了他的诗歌之中。

2. 静观世事

> 总之我要调和我各样的痴想。
>
> ——《新生》

在拉文纳的日子是平静的，但丁潜心著述，每天都过着规律的日子，他开始参透人生，不再像年轻的时候那样对于权力以及荣誉热衷地追求。但丁开始相信，世间的一切都终有一天会消逝，只有追求来世的永生，才真正不枉此生。

每天，但丁按时起床，按时写作，按时睡眠，觉得日子过得很是充实。在空暇的时间，但丁也会偶尔打听佛罗伦萨或者整个意大利的事情，只是并不真的介入事情本身，而只了解就够了。他已经对于这些纷争没有了太大的兴趣——即使回到了佛罗伦萨那又如何呢？

一天傍晚，但丁写作累了，于是就走出来散散步，听到几个人在议论最近发生的一些事情，就走上前去，静静的在旁边倾听着。

"自从亨利国王死去之后，日耳曼就没有国王了，于是争论了很久，终于在前几天选出来了，你们一定猜不到是谁，因为选举的结果太让人惊讶了。"一个年轻人神秘地对着围在他身边的几个人说道。

但丁看到这个小伙子故作神秘，心中感到很是好笑，他从这个小伙子的身上看到了年轻人特有的朝气以及活力，自己年轻的时候不是也像他一样吗？年龄啊，的确是可以改变很多，包括一个人的心境。

"我想，一定又是一位野心勃勃的人，他会不会还来意大利？"又一个年轻人说道。

"你只是猜对了一半，这一位亨利的继承人，的确是一位野心勃勃的人，但是他可不像亨利一般那么富有正义感，他甚至算得上是亨利的翻版。"

"快说啊，他是谁？我们很想知道，你也别再卖关子了，直接告诉我们得了！"旁边的人催促道。但丁在一旁，嘴上虽然什么话都没有说，但是在心中的确也在猜测着谁会是继承者。如果是对于佛罗伦萨的和平关心的一个人，那么也是一好事情。只是，都与自己没有太大的关联了。

小伙子压低声音，然后缓缓地说道："他啊，就是——拿坡里国王罗伯特·安茹！"

大家一听到这一句，无不张大了嘴表示惊讶。是的，这个人实在不是一位善良之辈，当初亨利国王没能够南下意大利，其中一个重要的原因就是此人在作梗。他怎么会被任命为亨利的继承人？但丁心中想着。是的，一定是因为教皇在支配着选举！如果按照名义来，绝对没有这个人的份！

"这个人贪得无厌，而且只是顾着自己的利益，丝毫没有把别人的利益放在心上，让这样的一个人统治，后果将不容乐观啊！"一个老者不无担忧地说道，"这是什么样的世道啊，怎么会让这样的人当选为日耳曼的新任的国王！"

是的，这位老者的确是说出了大家的心声。其实，大家都能够猜到是怎么回事，因为他们对于克乃门德第五这一位教皇的行为也是非常熟悉的，他什么事情都能够做出来，除了遵守上帝的话语。

只是，彼此都是平民百姓，能够对时局做出什么样的改变吗？没有，谁都没有能力，只能够轻轻地叹一口气而已。但丁在一旁，心中也的确不是滋味。他虽然已经不想再参与政治，但是让这样的人担任国王，难免会殃及百姓啊！在但丁的心中，即使是再怎么样不在乎世事，听到这样的不幸，心中也难免悲哀！

那位年轻人看到大家的不满，又听到大家的哀叹，似乎觉得自己的话受到了别人的关注，显得格外有兴致，就继续说道："据说，这位罗伯特先生当选之后，最高兴的就是佛罗伦萨的黑党了，他们一直就交好的，这一次罗伯特得势，差不多就是说黑党也有了更强大的靠山了！"

但丁心中很不是滋味，其实这是必然的结果，但丁早就知道黑党与罗伯特狼狈为奸，但是在听到别人口中说出黑党的势力增强之时，还是不能够好好地控制自己的心情。哎，或许这就是人类共有的毛病吧，每一个人的心都是血肉做的，难免有情感，怎么能够说没有就没有了呢？

但丁本来想要离开，因为再听下去实在没有什么意义，反而会破坏了自己的心境，在自己的心中增添没有必要的怒气。但是但丁还是想知道罗伯特担任了日耳曼的国王之后的所作所为，于是在原地没有动，等待着年轻人继续说下去。

果然，这位年轻人又说话了："你们一定很想知道，自从这样的人当了日耳曼的国王之后发生了什么样的事情吧？正如你们所想的，事情真的不怎么好。"年轻人说到这里又停住了。

但丁心中实在有些着恼，这位年轻人实在是有些轻佻，故意如此吊人胃口，可是转念一想，哪一个年轻人不是这样的呢？也许这正是一位年轻人的珍贵之处，如果每一个人都是暮气沉沉，反而不是一件好事情。

"这位新任的国王，野心实在是大得很，才刚刚担任日耳曼的国王，就冒犯了几个国家。"年轻人又神秘地说道，"这几个国家呢，就有我们意大利！我们意大利的佛罗伦萨也在此列！"

年轻人清了清喉咙，说道："你们都知道他跟黑党有交往，但是并不知道他们也不是完全地交好！我就听说，自从罗伯特做上日耳曼的国王之后，就开始看不起昔日的朋友了，对于佛罗伦萨则是三番五次地挑衅，让佛罗伦萨很是不高兴。"

但丁听到这个，心中半喜半忧，实在说不上具体是什么样的感受。他喜的是黑党与罗伯特并没有完全地合作起来作恶，忧的是如果罗伯特与黑党的矛盾激化的话，如果打仗，最后遭殃的还是佛罗伦萨普通的公民！

其实，什么时候的战争不是这个样子呢？统治者为了各种各样的利益相互争斗，然后让普通的百姓冲向战场，从而换取可能的胜利。人类实在是罪恶得很了，这样争斗个不休，而一条条的人命就这样离开人间。

但丁听到这里，再也不想听下去，于是就离开了。但丁心中的平静被打破了，他毕竟还没有完全地忘记佛罗伦萨，他毕竟还是心怀世人，以他们的喜忧为自己的喜忧。世事真是变幻莫测，谁能够说清楚接下来会发生什么样的事情呢？

罗伯特本来就是一位大恶人，居然能够做皇帝，但丁的心中郁闷得很，于是就走到了自己最喜爱的一片竹林。他静静地坐下来，静静地欣赏着周围的景色。这里多么清幽啊，竹子青绿，随风飘摇，除了风声与偶尔的鸟鸣，听不到其他的声音。但丁就这么坐着，心情又很快地平静下来了。

但丁每一次心情不好的时候，就不自觉地来到这里，不管自己的心中有着怎样的苦恼，甚至是觉得已经没有办法摆脱的，只要来到这里，一切都会烟消云散。这就是竹林的魅力？但丁问自己。不，应该是曼妙的自然的力量！

是的，不管发生了什么严重的事情，或者关系到自己，或者与自己毫无关联，事实上都没有那么重要。可以说，事情本身并没有任何的好坏与对错，只是我们人类用自己的评价标准为外界的事务定了性而已。

如果明白了这一点，那么很多的事情都能够看淡了，就不会再执着于自己的判断与眼光，就能够走出自己，能够用更加平等与广阔的心态思考。但丁知道，这是一种很高的境界，需要自己不断地修炼。

但丁想到，现在自己已经逐渐老去，经历的事情已经很多，只要自己稍稍反思一下，就会明白一切从尘土中来，又复归尘土的道理。人生就是这样的一个过程，我们在活着的时候认真地过好每一天，听从上帝的诫命，当我们死去的时候，就能够获得我们应该得到的。

3. 上帝与凯撒

> 罗马民族获得世界统治权是合乎公理的。
>
> ——《王国论》

平静的日子依然在继续。但丁一直在修改自己的《神曲》，让他最耗费心力的就是《神曲·天堂》。他觉得在这一部分，也是全书的第三部分，在书中占有着举足轻重的作用。人们如果犯了罪，先是在地狱之中接受煎熬和惩罚，然后是在炼狱之中接受进一步的忏悔，最后才能够升入天堂。

天堂是每一个人都追求的，每一个人都对天堂怀着无限的向往，但是天堂究竟是什么样子的呢？谁都没有真的看到过天堂，只能够靠着《圣经》的启示与自己的想象了。

但丁不愿意随意地捏造，他不想仅仅是为了坚强人们的心而故意把天堂描写得很好，他认为在描写的时候应该是实事求是的，最基本的要素一定要有所根据，自己的想象只是一个辅助的东西。

但丁整日地冥想着，他把自己的大部分的时间都花在了这里。他知道，在自己的有生之年，《神曲》是必须要完成的，这是他留给世人最珍贵的礼物了。

当然，但丁在修改与丰富《神曲》的时候，也喜欢思考别的他认为重要的问题。譬如，他一直在思考的问题就是宗教势力与世俗势力之间的关系。

这个问题直接来源于他的切身的体会与对于现在世事的听闻。但丁很熟悉历史，他知道，在过去的一千多年，教会统治着整个欧洲，世俗的国王虽然在形式上是臣服于教皇的，但是两者之间也经常会闹矛盾，甚至引起严重的仇杀。

原因就是，双方都想要争取更大的权力，世俗的国王想要摆脱教会的控制，而教会一直认为自己是上帝的代言人，应该让世界上所有的势力都服从于自己。双方都坚持自己的观点，互不相让，争斗就难以避免地发生了。

这个问题几乎从产生了教会就开始了，一直到现在。但丁最近又听说了一则消息，充分地说明了这个问题还是存在的，并且难以忽视。

教皇克乃门德前不久因为疾病去世了，他本人罪恶多端，但丁并不觉得悲伤。但是事情就是从教皇去世开始的。

教皇去世了，罗马教会作为世界上所有教会的中心，当然不能够没有总指挥。而教皇在很多的信徒的心中更是不可或缺的，于是，选举一位新的教皇，就成为整个宗教界的头等大事。

当时，欧洲的几乎所有的红衣主教共同组成了个团体，奔赴罗马进行选举。这件事情本来是进行得很顺利的，但是当红衣主教来到罗马教廷的时候，他们才知道，这次的选举只是个形式，根本不需要自己投票，因为一切都已经被安排好了！

在幕后主持着这一切的，正是罗伯特·安茹。他利用自己的势力，威胁罗马教廷选定一位有利于他的人担任教皇的职务，这样一来，罗伯特的势力就进一步扩大了。罗马教廷没有勇气和足够的实力反抗，于是只好默默地服从。

每一位红衣主教都觉得自己的脸面丧尽！自己虽然是在为上帝工作，但是自己在此刻却是多么无力，就连世间的一个恶霸在自己的面前耀武扬威都没有丝毫的能力阻止！

　　但丁听到这一消息的时候，心中也非常愤怒，觉得罗伯特实在是做得有些过分。就立即写了一封信给他，劝解他不能够这样肆无忌惮地行事，他的行为已经严重违抗了上帝，将来是会受到惩罚的。

　　这封信当然没有起到任何的作用。但丁其实也知道不可能说服罗伯特的，写信只是为了消解自己胸中的怒气而已。但是转念一想，实在是没有必要再跟这些人较真了，自己应该把时间花在更加重要的著述中才对。

　　于是，但丁就开始全身心地思考着应该怎么样协调世俗的权力与宗教的力量了。应该让宗教统治世俗吗？上帝固然是最高的统治者，他直接创造了这个世界，但是他并不会随意地干涉这个世界。教会作为基督徒的组织，是为了所有信基督的能够有自己的组织，能够一起活动，能够一起服侍上帝。它的权力只是在于有关基督徒的事情上，如果一旦超越，想要控制整个社会，那么社会必定会受到压抑。

　　那么国王在发布命令的时候是否应该要求教会也服从呢？但丁觉得，世俗的国王自然是代表着世俗的力量，他应该负责的就是世俗的事情，而宗教应该是神的事情，两者是应该分清楚的。虽然在很多的时候两者有很多的重合之处，但是这个原则性的问题必须要明确。

　　于是，但丁觉得，上帝的应该归于上帝，而凯撒的应该归于凯撒。就是说，宗教的事情应该由教会进行管理，而世俗的纷争，应该由国王治理。两者必须保持着自己的独立性和自由性。两者谁都不要想着统治对方，都应该只是在自己的职权范围内行使权力。

　　但丁的这种思想是很先进的，只是，在当时，又有多少人能够真的听从但丁的话呢？教会依然想着控制国王，而国王就想着如何在教会中培植自己的势力。

　　不管如何，但丁还是把自己的这种思想记录在自己的著作中，他希望后世能够逐渐地明白他的思想,然后国王与教皇不再做各种无谓的争斗。

除了这个问题之外,但丁一直没有放下的就是佛罗伦萨的俗语。但丁一直都想着回去,其中有一个很重要的原因,就是因为但丁想让佛罗伦萨的俗语能够更加广泛地被推广,被更多的人认可。

但丁认为,现在的人们都是盲目地追求着高雅,在写作的时候总是喜欢用所谓高雅的拉丁语,从来就看不起日常的俗语。认为俗语只是下等人说的话,或者是只能够用来日常的普通的交流的,如果在更加重要的场合或者是重要的著作当中,俗语是不应该被直接使用的。

但丁却并不这样子认为,他觉得俗语有时候会比高雅的拉丁语更有表达的效果,完全不会比拉丁语"俗"。但丁在早年的时候就写了《论俗语》,倡导俗语的意义。虽然有不少的人赞同他的观点,但是阻力还是大于倡导的力量,于是,俗语还是没有能够得到很好的发展。

但丁继续为俗语的推广而努力着。他不断地用严密的逻辑论证着使用俗语的好处,并且举了很多的例子,用来支撑自己的观点。人们在阅读他的文章的时候通常都能够感受到作者真诚的心。

就这样,但丁一直都在不知疲倦地写作,或者是思考,他不愿意让自己闲下来,他认为脑子如果不被使用是会变得迟钝的。平时的思考并不是在伤害自己的头脑,相反,是一种很好的锻炼。

而对于自己的身体,但丁也并不怎么在乎。他知道自己的身体本来就不怎么结实,这样夜以继日工作势必会影响到自己,只是,自己还有那样多的事情没有完成,又怎么能够停下来呢?但丁害怕当自己的生命结束的时候,还有好多的东西在自己的头脑之中没有表达,那将是一种不可饶恕的罪过了。

当然,但丁为了自己能够有更多的灵感,还是会经常出去走走的,他在散步的时候头脑转得很快,很多的难题都在散步的时候得到了解决。但丁知道,不让自己整天关在屋子里既是一种锻炼,也使得自己不会脱离现实。人总是应该贴近自然，贴近大地的。

4. 拒绝回乡

人类啊，为什么把你的心放到与你无分的东西里面去呢？

——《神曲·炼狱》

在政治上，没有一个势力会满足于已经取得的胜利，所有的政客都是在进攻或者防御之间疲于应付。在佛罗伦萨，黑党的成员们已经庆贺了亨利国王的去世，并且写了贺信给新上任的罗伯特，但是他们丝毫不敢再继续放松下去，因为他们马上又遇到危险了。

原来，流亡在外的齐柏林派一直都是忍辱负重，在秘密地集结着自己的队伍，现在他们终于又形成了两股比较有实力的力量了。这两股力量的领头人分别是于固切红和亢格朗。

于固切红训练的是亨利国王留下来的残余的势力。在这里，有很多都是非常优秀的战争能手，在亨利的手中已经有相当强的作战能力。这支军队所向披靡，并且视死如归，人人见到了都要胆怯几分。

而于固切红，也是一位铁血宰相式的人物，他冷酷无情，甚至大义灭亲，执行军法绝不有丝毫的纵容。因此，在他的治理之下，全军都是法律严明，没有任何一个士兵敢于违抗他的命令。

1315年的8月，于固切红的军队正式起兵攻打佛罗伦萨了。佛罗伦萨本来就畏惧于固切红的军队，又因为战事来得突然，结果，黑党在蒙泰卡蒂尼打了个大败仗。那天，两军交战的时候，双方都是拼命杀敌，毫不留情地一直大战到一方彻底没有战斗力。结果，于固切红也在战斗中死去，而佛罗伦萨的军队最后不得不投降。

于是，佛罗伦萨岌岌可危了。城里面的黑党非常害怕，紧急地召开了会议，商议对策，但是，一连商议了好几次，都没有得出比较好的方案，黑党焦急如焚。

正在这时，亢格朗也在意大利的北部不断地扩张着自己的势力，他千方百计地集结更多的军队，并且要求他们辛勤操练，以备即将到来的战争作准备，在亢格朗看来，他也是要在这一场的争夺之中分得一杯羹的。

佛罗伦萨就像是一只就要被烹饪的羊，害怕得直发抖。有人建议向罗伯特求助，于是就赶紧派出特使向罗伯特请求，结果答复是，他自己也无能为力。于是黑党终于知道，罗伯特并不是真的想要与佛罗伦萨结盟，联合起来共同抵抗外来的进攻，只是想如何占有更多的利益。

在罗伯特的心中的确如此，他的心中只有自己的利益，别的条件都只是为了攫取更多的利益的一种手段。罗伯特一直都是假意与佛罗伦萨结盟，他根本就没有想过要帮助佛罗伦萨抵御外敌。

那么向谁求援呢？每一个黑党的成员都不禁问了自己这个问题。他们再次召开紧急会议，商量着如何能够解决目前的困境，他们都很清楚，于固切红和亢格朗随时都有可能攻进城来。

他们经过激烈的讨论，最后否定了投降的方案，主张与齐柏林派和白党成员议和。他们清楚，其实齐柏林派和白党也并不希望发生更多的流血。如果佛罗伦萨答应召回所有流亡在外的白党和齐柏林派，也许事情就能够得到比较好的解决了。

于是，他们把自己的这一想法与城下的齐柏林派商量，得到了他们预料当中的结果。佛罗伦萨执政官立即实行了特赦，把所有流放在外的"罪犯"都召回佛罗伦萨，以前的所有罪过都一概免除。其中，在这份特赦的名单中，也有但丁的名字。

但丁有一个外甥，名字叫作尼可洛·福莱西诺，人们都叫他"硕士"，他对但丁很是崇敬，一直都在打探着但丁的消息，还亲自去找过但丁，这次，他得知了特赦的消息，高兴非常，他觉得自己的舅舅马上就要重新回到佛罗伦萨，盖玛还有几个弟弟妹妹都将重新迎回他们的父亲。

尼可洛立即动笔，写了一封信，寄给舅舅，在信中，大致地描述了一下最近发生的事情，然后告诉但丁特赦的消息，要求但丁不要再犹豫，立即动身回国。

尼可洛尽量使自己的信件显得真诚而且有说服力，他认真地修饰了自己的言辞，甚至找到了本堂神父，要求他写一封公函，邀请但丁回来。神父自然没有推辞，在自己的公函中把回来的好处都尽量详细地描述了一遍，而对于回来的条件，却是没有提及。

原来，黑党规定，每一个回来的人，都要参加一种"仪式"，当他回到佛罗伦萨的时候，就要先被送到监狱里面，然后选择一个晴朗的早晨，手中拿着一根蜡烛，头上戴着谐帽，在众目睽睽之下俯首前行，一直要保持这样的姿势与动作来到圣约翰教堂里面，跪在神的面前，接受洗礼，并且忏悔自己的罪行，承认自己是一个可耻、道德败坏的人，然后请求宽恕。

这是一种多么侮辱人格的"仪式"啊！神父觉得这一条件不应该让但丁知道，因为但丁一旦知道了，可能就不愿意回来了。但是如果已经回来，那么事情就会容易很多。

外甥也觉得这样处理是合适的，于是在最后决定寄出去之时，对于这种侮辱性的仪式之事稍稍暗示了一下，信中主要是表达对于但丁回归的热切渴望以及回来的好处。

但丁此时正在修改他的《天堂》。他知道自己马上就要大功告成，现在只是剩下最后一点收尾的工作，于是在这些天里，但丁显得格外高兴。

就在此时，外甥的信也到了。但丁知道自己有机会回到佛罗伦萨之后，先是非常惊讶欢喜，但是仔细推敲了这封信之后，但丁明白了这一次的特赦一定是有条件的。但丁向身边的一些人询问的时候，终于得知了真相。

他非常生气，对于他来说，这样侮辱自己人格的事情是绝对不会做的。但丁坚信自己并没有丝毫的过错，为什么要承认自己是可耻的，道德败坏的？如果一旦承认，那就是自己给自己戴上有罪的帽子了，用这样的方式换来的回归究竟是值得的吗？

但丁觉得，如果自己那样做了，将会让自己的正义感丧失殆尽，而且自己一生追求的名声将会毁于一旦。但丁告诉自己，不能够仅仅因为要回归自己的故乡，或者仅仅为了见到自己的妻子和儿女而以自己的光荣和灵魂作为交换。

但丁写了一封信断然拒绝了这一特赦。但丁觉得自己宁愿一生都漂泊在外，也不愿意回去了。他在信中首先是安慰了外甥，希望他能够好好地做自己应该做的事情，不要过多地迷恋于情欲，而是应该花更多的时间在精神的培养上。

接着，他坚决地表明了自己对于回不回去的态度："我现在潜心修炼自己的心境，并没有做什么恶事，相反，黑党却是恶贯满盈，要一个没有罪的人向一批罪恶滔天的人忏悔，这是我怎么样也不愿意做的。

"在我的心中，我更加看重自己的尊严与名誉，我不允许别人侵犯我的尊严，更何况，我对于正义一直都是积极追求，要我放弃是不可能的，即使是用佛罗伦萨来与我交换。

"我愿意在拉文纳度过自己的余生，在这里，我享受到了安宁，这正是我现在想要的。我觉得，在拉文纳，也许会比佛罗伦萨好得多。"

但丁回绝了这种邀请之后，心中变得更加轻松。对于现在的但丁而言，在佛罗伦萨或者在拉文纳已经没有太大的区别了，甚至他对于拉文纳可能还更有感情。要回佛罗伦萨必须先认罪，并且忏悔，这实在是可笑之极。

佛罗伦萨的黑党听说但丁不想回来，也让他们愤怒，因为不少人本想趁此机会好好地侮辱一下他的，但是他竟然不愿意回来，心中实在是难受得很，他们还是不甘心，于是，恼羞成怒，重新单独审判了但丁。

审判团最终的结果，重新判决了但丁是一位罪大恶极的人，不应该被列入被赦免的人当中，应该在各地进行通缉，一旦在佛罗伦萨发现但丁的身影，任何人都有权利把但丁捉拿归案，然后立即实行斩首。

这是多么卑鄙的行为！他们的判决纯粹是出于自己的愤怒，根本就没有任何的法律根据。他们是对一个无私、坚持正义并且富有天才的人宣判，这是一种怎样的罪恶呢？

但丁知道了这件事情之后，只是一笑置之——在这位心静如水的人看来，这种事情哪里还有必要拨动自己的内心情感呢？

第十章 晚年生活

1. 天伦之乐

> 人类的幸福有赖于人类意志的统一。
> ——《王国论》

但丁从来没有想到，自己能够在拉文纳享受到家庭的团聚，感受到家庭的温暖。

拉文纳的主人基独·诺武罗听说但丁再次被佛罗伦萨通缉之后，明白但丁再也没有机会回到佛罗伦萨了，心中不免为这一位年老的诗人感到惋惜。哪一个老人不希望自己身边有子女或者妻子的陪伴呢？

基独·诺武罗暗暗想着办法。他寻求了很多人的帮助，终于把但丁的妻子和儿女都接到了拉文纳，而这个时候，但丁全然不知道。

盖玛首先见到了但丁。当时，但丁正在自己的书房里写作，忽然，听到一阵的敲门声。但丁放下自己手中的笔，打开了房门，然后就惊呆了。只见眼前的人白发苍苍，一双眼睛充满了泪水，布满皱纹的脸显出惊喜的表情——盖玛！但丁叫出来，随即把盖玛搂在怀里。但丁终于抑制不住自己的眼泪了。

两个人就这么相拥着什么话都没有说。一对夫妻，已经几十年没有见面了，今日突然能够见到，这种心情可能只有当事人才能够感受吧。此时又应该说什么话呢？什么话都是多余的，彼此都知道对方想说的是什么。

但丁心中是充满着愧疚的。一方面是自己一走就是几十年，虽然这也不是自己的责任，但是但丁还是觉得对不起盖玛。第二是但丁觉得自己与盖玛在一起的时候，根本没有好好关心她，当时自己年轻气盛，心思主要放在了自己的事业，而把家庭放在了其次的地位，甚至觉得自己的家庭就是整个的佛罗伦萨，而不仅仅只是与盖玛组成的小家庭。

盖玛又愿意把自己这些年以来遭受的苦难向但丁说吗？是应该抱怨这一位负心汉吗？是应该狠狠地骂他一顿，就是他使孩子们失去了父亲吗？但是即使是骂上一整天，又能够怎么样呢？何况，善良的盖玛根本就没有记恨但丁，她完全能够理解但丁的苦楚，知道自己的丈夫在这些年以来，也经历了各种的风风雨雨。更加重要的是，自己的心中还是对这位丈夫怀着深深的爱啊！

两个人在一起谈了很多很多，但丁讲述了这些年以来自己的波折，盖玛则向但丁倾诉自己一个人抚养家庭的艰辛和自己整天整天盼着但丁回来的深深的思念。两人就像是久别的正在热恋中的年轻人，不管说了多少的话都觉得没有够。

接下来，盖玛领着孩子来见自己的父亲。几个孩子对于但丁都是陌生的，他们都只是还小的时候见过但丁，现在长大了，已经没有太多的印象。只是他们都很懂事，也知道自己的父亲是一位伟大的诗人，都热情地与但丁共叙分别之苦。但丁感动得只是静静地流泪。

最让但丁感动的还是自己的独生女儿安托尼亚。她是但丁最疼爱的女儿，因为她自小就非常聪明，而且很懂事，能够体谅父亲。但丁见到安托尼亚，立即把她抱在怀里，看着她已经成熟的脸蛋，心中百感交集。是的，现在女儿也已经长大了，已经不再是昔日的总是向自己撒娇的女儿。

安托尼亚对于父亲的印象也是较为深刻的，她向父亲讲述自己小时候与但丁在一起的事情，但丁也一一回忆起来，对于女儿更是产生了深深的歉疚，觉得这些年以来，实在是对不起他们，完全没有尽到一个做父亲的责任。女儿自然是千方百计地劝说父亲并不需要老是放在心上，最重要的是现在已经彼此团聚。

于是，但丁每天的生活中增添了不少的光彩。自己的妻子还是像以前一样，温柔贤淑，主动地帮助自己打理家务，在闲暇的时候还和自己一起出去散步，甚至还帮助但丁整理和抄写稿件。这给但丁大大减轻了日常的负担。

但丁不止一次对着自己的妻子说道："这些年来撇下你一个人，真是对不起你。你真是对我太好了，现在还这样帮我……"

盖玛总是笑笑，对着但丁深情地说道："我们是夫妻啊，何必这样客气。我知道你也是有苦衷的，并不是你愿意撇下我们。现在我们又在一起了，就把以前的事情都忘记吧！我知道你日夜操劳，我能够帮助你的就尽量帮你分担，只要你愿意，这也是我的一种幸福啊！"

但丁的三个儿子在拉文纳也找到了喜欢做的事情，开始忙碌起来，但是在空余的时候，依然经常来看自己的父亲。他们都遗传了母亲的善良品质，对于父亲就像是从来没有分离过似的。父亲有什么吩咐，都是尽全力地去完成。

一次，小儿子因为喝了酒，与邻居发生了矛盾，两人甚至动起手来了。但丁知道之后，就把儿子叫到跟前，打算好好地教训他。但是突然想到，自己一直就没有担起父亲的责任，现在又有什么理由教训他呢？

没有想到，小儿子来到但丁的面前之后，丝毫没有傲慢不顺从的样子，把头深深地低下去，对他毕恭毕敬。还没有等但丁开口，他就首先承认了自己的错："父亲，我知道自己错了，我不该在喝醉了酒之后去闹事。您惩罚我吧！"

但丁一点都没有想到，自己的儿子对自己这样尊敬，也没有想到自己的孩子是那样懂事，在做错了事情之后马上能够承认错误。他的心中感到莫大的欣慰，连忙走上前去让自己的儿子坐下来，深情地说道："我知道你也只是一时的冲动，这也不是什么非常大的事情，我知道你是一位懂事的孩子。"但丁看了看自己的儿子，心中又是一动，接着说道："我真是对不起你，这么多年，你都已经长得这么大了，而我从来就没有尽到一个父亲的责任……"

儿子听到父亲说出这样的话，没有等父亲说完，就抢过来说道："父亲，您千万别这样说，您现在是整个意大利的大诗人，这就是您留给我们的最大的财富和人生的激励啊，我们也要像您一样，成为一位有出息的人，才真正对得起您！"

但丁又是热泪盈眶。

当然，但丁的小女儿也一直在默默地关心着自己的父亲。她总是很早就起来帮助母亲料理家务，并且总要到父亲的书房里把父亲昨天的稿件好好地整理一下，放得整整齐齐。但丁每天起来看到被自己的女儿整理好的书桌，心里都很感动。

他把自己的女儿安托尼亚叫到跟前，问自己的女儿："安托尼亚，你现在在这里生活得习惯吗？"

安托尼亚扬扬自己尖细的眉毛，调皮地说道："当然习惯啊，因为在佛罗伦萨只有母亲，而现在，又多了一位父亲。"

但丁哈哈一笑，继续问道："你将来最想做什么？"

安托尼亚想都没想，就说道："我什么都不想做，就想成为一位平凡的修女。"

但丁听到自己的女儿想要做修女，有些惊讶，呆了一下，就问道："你为什么想要做修女呢？"

安托尼亚的脸上呈现一种忧伤的表情，但是随即又恢复了快活："因为在以前的时候，只有母亲一个人，每当遇到困难的时候，我都会默默地乞求着上帝帮助我们，很多的时候，我们的困难真的就很快地解决了！"安托尼亚说到这里，越来越兴奋，接着说道："我想要做一位修女，日夜为母亲还有您祈祷，希望您和母亲能够一直平安。当然我也会为自己的几位哥哥祈祷，甚至要为佛罗伦萨和整个意大利祈祷！"

但丁认真地听着小女儿的话，他隐约可以知道在佛罗伦萨的日子他们是经历了怎样的艰难！自己一直都没有机会照料他们，以至于他们在绝望的时候只能够祈祷上帝，而没有其他亲近的人伸出援助之手！

但丁紧紧地抱住了自己的小女儿。

但丁是幸运的，在年老的时候，家人终于又来到了自己的身边。而且，他们一个个都对自己没有丝毫的怨恨。自己的妻子盖玛还是一如既往地体贴，几个儿女也是处处为自己着想，面对这样的家庭，自己除了感恩，还有什么呢？

2. 好友叙旧

<blockquote>
一个人和智者立在一起真要小心啊！

——《神曲·地狱》
</blockquote>

但丁住在拉文纳的一个僻静的小镇，每天，但丁的家里都会迎来不少前来拜访的人。这其中，既有但丁的旧交，也有从未谋面但是一直仰慕但丁才华的。但丁也在自己的写作之余抽出时间接待他们。因为但丁觉得，在这种交流的过程中，对于自己也是一种助益。

在这么多的拜访者中，最美好的回忆是与亢格朗的畅谈。这位曾经与罗伯特公开叫板的齐柏林派分子，见到但丁之后就滔滔不绝，像是熟识已久的好朋友，但丁在这位爽直的人面前也有一种相见恨晚的感觉。

亢格朗是一位久经沙场的人物，他经历过无数大大小小的战争，在战场上屡建奇功，逐渐地赢得了别人的信任。但是，他并不是一个只会武力的蛮狠之徒，他的文学修养也是非常高的，甚至在两军交战的时候手里还拿着一本诗集。他经常夸口自己是文武双全，从实际而言，这句话似乎也不为过。

亢格朗来到拉文纳，见到但丁，就邀请他到自己在勿罗拉的官邸。但丁盛情难却，也就跟随着亢格朗回到了勿罗拉。但丁故地重游，心中有无数的感慨。他对着亢格朗说道："这个地方曾经不止一次地把我从绝望之中拯救出来，在一次次的拯救中，我的人生也发生着不同的转折。"

亢格朗在一旁看着但丁这般动情，也不方便打扰，但是实在不习惯这种多情的抒发，于是，就说道："老朋友，故地重游难免伤感，我们不妨去看看我的府邸吧！"

于是，两人又来到了亢格朗的家中。这里实在是气派得很，雕梁画栋，金碧辉煌。在偌大的家中，有一个很大的后花园，里面精心种植着各种花草树木。走进亢格朗的卧室，里面陈列着一排的兵器，而在另一面墙前，又放满了书籍。但丁觉得亢格朗实在是一位难得的人才。

亢格朗和但丁就这样没有任何芥蒂地生活，亢格朗无话不谈，向但丁详细地讲述了自己的人生经历，几次从战场上死里逃生，几次因为喝酒闹事而受到降职的处分。但丁越听越有滋味，心中暗暗对于这位朋友佩服起来。

亢格朗对但丁说道："您知道我在这个世上最看中什么？"亢格朗看了一下但丁，并不等对方回答，自己就说了："荣誉！我的一生都是为着荣誉而活着的，我做的任何事情都是为了争取更大的荣誉！"

亢格朗越说越大声，好像生怕但丁没有把自己的话听进耳朵。但丁心中涌出各种情感。是啊，自己年轻的时候何尝不是为了荣誉而宁愿放弃其他的一切呢？对于人而言，荣誉是多么具有诱惑力的东西啊！太多的人把自己的一生都奉献给了它。

可是，最后赢得了什么呢？但丁心中想到这个问题，突然觉得痛苦难当。荣誉终究是一个虚幻的东西，即使是最后受到了万人的拥戴，但是自己终究避免不了死去，即使是戴上了国王的桂冠，终有一天还是不得不摘下。一个有着很高的荣誉的人就一定能够活得幸福吗？或者一个没有荣誉的人就注定了生活悲惨？

这是人类最大的自欺欺人！但丁现在的心情无比平静，再也不受这种虚幻的东西的糊弄了。他盯着亢格朗的眼睛，说道："你现在也许会觉得荣誉是重要的，但是并不代表将来也会把它看得很重，更不代表别人也会把它放在最重要的地方。"但丁看到亢格朗眼中流露出难以置信的眼神，继续说道："在面对这个问题的时候，往往并没有正确或者错误的回答，甚至没有好一些或者坏一些的回答。每一个答案都可以是正确的。只要自己选择了，就要坚持下去。"

亢格朗没有想到但丁突然会发出这样高深的回答，于是赶紧转移话题，说道："哈哈，我只是说着玩的，您也别太在意。您说得非常有道理，我完全同意。来，继续说说咱们各自的故事。"

但丁觉得，亢格朗实在是一位难得的人物，无论是他对于意大利的贡献还是他自己内在的修养，都是值得外人尊敬的。他很喜欢与亢格朗交谈，即使他很多的时候并不能全然地理解自己的心思。但是，真的好友并不一定需要在任何方面都与自己相同的，重要的是能不能够相互理解。

就这样，但丁在勿罗拉的日子有好长的时间了，但丁突然又思念起拉文纳了。在与亢格朗一起的日子，虽然有很多的话可以说，但是勿罗拉终究显得太喧闹，并不适合但丁此时的心境。

但丁在临别的时候，把自己的《神曲·天堂》赠送给亢格朗，亢格朗实在是欢喜至极，也以厚礼回赠。两人在以后分别的日子里，一直都保持着信件的联系，彼此都珍惜这一份难得的友谊。

除了亢格朗，在薄暮时分前来拜见但丁正是拉文纳的领主基独·诺武罗。他遵守着约定，提供但丁饮食起居的各项需求，但是并不干扰但丁的生活，只是在偶尔得知但丁有闲暇的时候才找上门来，与但丁一起谈论诗学。

但丁在心中也实在是仰慕这位无私地帮助自己的人，在几次与他的交流过程中，但丁觉得基独实在是一位高尚的人，为人热情豁达，并且没有丝毫的主人架子，而是充分地尊重别人。另外，但丁发觉基独还对于诗歌有着比较深刻的了解，于是，对于他的尊敬又增加了不少。

这天,基独又来找但丁了,但丁并没有特别的写作任务,热情地迎接出来,对着基独说道:"来,咱们一起来继续谈论对于诗歌的看法!"

基独觉得自己这位好友实在是一位十足的文人,什么时候都要讨论诗歌和文学。他对着但丁笑笑,说道:"今天咱们换一个话题吧,就讲讲你自己的故事!"

但丁一听,就想起自己与亢格朗一起的日子。那个时候,自己也是认真地回忆起了过去的事情。现在,基独又提出说说自己的过去,也觉得很有趣,就欣然答应了。

基独觉得一个人年轻的时候是最有故事的时候了,就建议但丁讲讲自己年轻的时候。但丁立即就陷入了深深的回忆当中。不用说,首先映入他的脑际的就是比亚翠丝,这位天仙一般的初恋情人。

但丁说道:"现在想起来,自己年轻的时候就是痴情,我至今都忘不了比亚翠丝。她的高尚的品德和倾国倾城的美貌现在都深深地刻在我的脑海里。"但丁说着,音调中就显出一丝丝的悲伤。

"哪一个人没有自己的初恋呢?或许这就是爱情值得珍惜的地方。我们要把过去的美好的回忆都好好地珍藏着,哪怕这是一段忧伤的回忆。无论如何,它对于我们的整个人生而言,都是一笔重要的财富。"

但丁也觉得基独说得有道理,于是又想到了自己在大学的时候与弗莱斯发生的诗战。但丁想起这件事,就流露出兴奋的笑容:"您知道吗,在我还在波洛尼亚上大学的时候,我与一个人发生了一次诗战!"

基独听到"诗战",也来了兴趣,就急切地问道:"真的吗?说来听听啊!"

但丁神秘地说道:"那个时候,我正是年轻的时候,尤其是喜欢争强好胜,对于谁都不肯相让半分。一次,我遇见了一位与我一样的人，他叫弗莱斯，他见到我就想要欺负一番。于是我在一个晚上趁着酒劲就写了一首讽刺他的诗歌，后来，他也用诗歌来挖苦我，我们这样一来二去，最后互相都用诗歌骂起来，哈哈……"基独也觉得这件事情有趣极了，也跟着但丁笑起来。

沉默了一会儿，但丁说道："其实，这都是年轻气盛的结果。我现在觉得，人与人之间就应该和平相处的，不应该一味地争强好胜，非得比一个高下。这并没有实在的意义。一个人的价值最重要的是在于自身，而不是来源于与他人的比较。"

基独觉得但丁说得很对，就连连地点头。基独接着问道："您在年轻的时候还有很多的好朋友吧？"

但丁听到这句话，头脑之中就想到一个人的形象，他就是加佛尔。"是的，我现在觉得，最怀念的朋友之一就是加佛尔。他是一位优秀的诗人，也是一位有着高尚的德行的人。可以说他对我有知遇之恩，后来我们又成了很好的同事，我们一起为了佛罗伦萨而奋斗，只是后来……"但丁说不下去了，觉得自己的好友实在是有一些冤屈。

基独很能够理解但丁的心情，就安慰道："嗯，人生中有这样的一位好友是非常难得的，您应该感到满足了。我为你感到高兴！"

但丁似乎真的受到了感染，说道："友谊有时候是可遇而不可求的，当它还没有来临的时候，我们应该做好充分的准备，而当它一旦来临，我们就要紧紧地抓住，不要轻易地就错过了。"

但丁与基独在一起又谈了很多的事情。但丁很有兴致，向基独讲述了自己在白党时候的辉煌岁月，也讲述了自己被放逐时候的悲惨遭遇。这些故事都引得基独唏嘘不已。

但丁在这样的日子里面，不断地进行着新的创作。他不知道，接下来等待他的，又是一件老年的荣耀。

3. 威尼斯之行

　　如果上苍对过失不能够原谅，灵魂将不再受应得的煎熬。

　　　　　　　　　　　　　——《抒情诗》

　　拉文纳城市之中是一派和平和安宁的环境，但是也并不是毫无任何的忧虑。长期以来，拉文纳都受着威尼斯的威胁。原来，拉文纳和威尼斯是近邻，又都临海，于是，双方在征税、晒盐和捕鱼等事情上矛盾时有发生。

　　现在，威尼斯又因为拉文纳的渔民侵入威尼斯掌握的海域而扣留了拉文纳渔民的船只。威尼斯要求拉文纳必须做出公开的道歉，偿还威尼斯的损失，并且做出承诺再不侵犯威尼斯的海域。

　　事实上，威尼斯与拉文纳的海域范围并不是非常明晰的，双方并没有达成最后的协议标明彼此的管辖范围在哪里。于是，一向处事稳重并且温和的基独·诺武罗也并不让步了，打算与威尼斯进行一番谈判。

　　威尼斯从来就是盛气凌人的，哪里能够忍受一个小小的城邦这样的据理力争？于是，威尼斯议会立即开了一次会，决定教训一下拉文纳，对它宣战！

　　基独·诺武罗并没有想到威尼斯会这么直接就对自己宣战，也有一些措手不及。他心里面很清楚，威尼斯的实力是远胜于自己的，要是真的发生战争，最后失败的多半是自己。基独心中充满了忧虑，吃饭也没有了胃口。

　　基独忽然想起了但丁。是啊，但丁既是一位诗人，更是一位杰出的政治家和外交家。他有渊博的学识和雄辩的口才，并且曾经经历过多次的出使，都取得了不小的成果。现在他虽然已经年老，但是依然保留着他的智慧的头脑，为什么不请他出来，让他担任使节团的指挥，亲自出使威尼斯，弥合彼此之间的裂痕，甚至把战争的萌芽扑灭？

基独想到这里，心中又燃起了新的希望，很快就来到了但丁的住处，对他说道："但丁先生，您应该听说了我们拉文纳与威尼斯即将发生战争的事情吧？"

但丁的确早有耳闻，他心中对于这件事情也是忧心忡忡，因为拉文纳毕竟是自己的第二故乡，在这里得到了基独的这么高的礼遇。但丁很是理解基独的心情，说道："我听说了。我知道您担心着自己的城邦，但是您得放心，事情会得到解决的。如果您觉得我有什么可以帮忙的，一定要跟我说，我会尽全力的！"

基独听到但丁的话，心中实在是兴奋极了，但是依然保持着平静，说道："谢谢您的承诺。只是，您现在正是享受家庭的团圆，过平静日子的时候，我哪能够随意地打破呢？"

但丁听到基独这些话，心中的确也起了波澜。不是吗？这么久以来，自己都是在平静中度过的，在这样的日子里，似乎才真正接触到生命的本质，并且体验到生活的意义。可是，现在又要打破已经习惯的生活节奏了？

又转念一想，怎么可以这样自私呢？虽然现在的生活是自己想要的，但是，就凭着这一点就能够置拉文纳的安危于不顾吗？即使是要以自己的生命为代价，也是义不容辞的！

但丁想到这里，就坚定地对着基独说道："我知道您是一位高尚的人，不会做出过分的事情。这一次威尼斯向拉文纳宣战，只是因为欺负我们弱小。我在您这边接受了这么大的恩惠，怎么能够一下子就全部忘记了呢？"但丁越说越坚定了，"我愿意为了拉文纳贡献自己的力量。虽然我现在已经年老，但是我还是愿意在需要我的时候做一些事情。"

基独听到但丁已经把话说到这个份上了，相信但丁是真的愿意为了自己和拉文纳做贡献的，于是，也就不再客气，直截了当地说道："我这次来，也实在是想找你帮一个忙。您知道，我们拉文纳与威尼斯比较，实力实在是相差太大，如果真要打起仗来，我们肯定是要输的……"

但丁还没有等基独说完，就抢过话说道："所以您想要找我组成一个使团，去威尼斯进行谈判，让战争停止在萌芽当中？"

基独微微笑了一下，说道："看来的确是什么都瞒不过你。我正有这个意思。我知道，您有着渊博的智慧与了不起的口才，并且曾经有好多次出使的经验。如果您愿意为了拉文纳出使威尼斯，那将是最合适不过了。"基独说完，期待地看着但丁，在眼神中充满了焦急。

但丁没有丝毫的犹豫，坚决地说道："我愿意承担这一重任！您就放心吧，我会尽力地完成任务！虽然我现在年纪并不比当初，但是我还是愿意尽全力地完成的！"

此时的基独还能够说些什么呢？他觉得自己果真没有看错但丁。当初自己邀请但丁来拉文纳，就不仅是因为但丁的诗歌写得好，也是觉得但丁这人心中很有正义感，有着高尚的品德。

"好，那么我们就这么决定了。我们接下来就得好好商议一下，怎么样与威尼斯谈判，才既能让他们停止战争又不至于显得我们太软弱。"基独说到这里，好像是突然想到一件事情，"不过，首先您得注意自己的身体，您原本就日夜操劳，身体就不好，现在去威尼斯谈判，又得经过长长的路程，您的身体最重要啊！"

但丁觉得基独开始婆妈起来了，心中觉得有些不高兴，但是明白基独也是为了自己好，于是说道："我们要抓紧时间认真筹划一下，现在时间就是金钱。至于我的身体，您就放心把，我自己会注意的。"

基独也不便再多说，于是，两个人就开始商议具体的谈判事项。

送走了基独，盖玛也正好从外面回来，看到但丁的表情中透露出严峻的神情，惊讶地问道："你这是怎么了，是不是有什么重要的事情发生了？"

但丁正在想着自己的心事，盖玛的话打断了他的思路，于是有些不高兴，"你就别说话了，我现在正在想问题呢！"

盖玛看到但丁这样的反应，更是觉得奇怪。因为但丁从来不这样说话的。在平时的日子里，不管自己做了什么事情，甚至是无理取闹，但丁也只是稍稍显出不高兴，但是说出来的话还是平静的。但是这次究竟是怎么了？

"你究竟是怎么了？为什么发这么大的脾气？是不是身体不舒服了？前几天受到的风寒又发作了吗？"盖玛想起但丁前几天的确是身体出了一点状况，就关切地问道。

但丁也觉得自己无端生气不好，盖玛毕竟是对自己好，于是，就恢复平静的神情，也用温和的话说道："盖玛，对不起，是我一时没有控制好自己。我很好，并没有发生什么事情，你也不用胡乱地猜想。"但丁停了停，抚摸了一下盖玛的粗糙的手，继续说道："今天基独·诺武罗来找了我，他说威尼斯向拉文纳宣战，现在拉文纳形势危急，必须要有一个人担任使团的指挥，出使威尼斯，试图弥合双方的矛盾，避免战争的发生。"

"所以他就选中了你？"盖玛说，显然有些生气。

"不是他选中了我，而是我自己愿意的。"但丁矫正盖玛的话，重重地说道。

"这是为什么？你现在已经年纪大了，最重要的是注意自己的身体。你不是说政治的事情不再掺和了吗？怎么现在……"盖玛说到这里，就要哭起来了。

"盖玛，你也不用这么担心，我这不是好着吗？相信我，不会发生什么事情的，一切都会顺利的！"但丁安慰着盖玛，接着说道："我是曾经说过不再参与政治，但是这次是特殊的情况啊。你看看，基独对我们是多么大的礼遇！我们之所以能够重聚，还得归功于他呢！"

但丁又好好地安慰了一下盖玛，盖玛的情绪才稍稍好了一些。盖玛温柔地说道："我不再阻拦你了，我知道阻拦也是没有用的。只是你真得注意自己的身体，前几天不是受了风寒？现在都还没有痊愈，又要长途跋涉……不能够操劳过度！"

但丁现在的心思都在如何与威尼斯谈判之中，实在是没有怎么顾及自己的身体，对于盖玛的关怀也没有太放在心上。

于是，但丁就在这样的情况下正式出使威尼斯了！谁都没有想到，这一次的出使，是在为但丁的生命画句号。

4. 溘然长逝

> 我的灵魂上升到这平静的天国。
> ——《神曲·天堂》

从拉文纳到威尼斯并不是一段很近的距离，需要足足走上三天。在路途之中，但丁和他率领的使团成员一面艰辛地跋涉，一面商议着怎样应对即将到来的谈判。他们知道，自己即将面对的，是一位阴险毒辣的独裁者。

但丁和使团的成员认为，在这样的人面前，应该尽力避免直接的冲突，在充分尊重对方的前提之下谈妥条件。但丁甚至觉得，在必要的时候应该做出让步和牺牲，只要这种让步是在拉文纳的可以接受的范围之内。无论如何，做出一些牺牲以换取整座城市的百姓的平安还是值得的。

经过了艰苦的跋涉，他们一行人终于来到了水城威尼斯。这里到处都是水，人们都是靠着船只才能够通行。但丁他们却丝毫没有心思去观看这一壮观的景象，因为在他们看来，这些东西都已经不再重要，而重要的事情是谈判。如果谈判顺利，那么换来的就是两座城市的和平，如果谈判没有结果，不但自己的命运将会是一个未知数，而且两座城市的人民将会遭到严重的战乱。

谈判开始了。正如预料当中的一样，威尼斯的领主是一位冷酷并且吝啬的人，他对于任何不利于威尼斯的条件都不能够接受。他对于自己的实力非常傲慢，相信自己的军队会所向无敌，即使是与整个意大利交战，自己也未必会失败，何况是小小的拉文纳。

但丁千方百计要求暂时停止战争的筹划，因为一旦打起仗来，对于双方都会有损失。拉文纳愿意给出丰厚的条件来换取彼此的和平。但是威尼斯方面坚持认为只有武力才能够让他们获得最大的利益。

于是，谈判陷入了僵局，进展非常缓慢。但是但丁还是相信能够以自己的努力来换取最后的和平，不愿意就此停止努力。但丁整日整夜地思考着对策，在谈判的时候更是据理力争，以情动人，并且以理服人，想尽办法让威尼斯对于自己的条件能够接纳一些，但是依然没有太大的效果。

日子一天天过去，不知道怎么回事，但丁越来越觉得自己的精神很疲惫。他已经不能够熬夜，每一次谈判结束，都觉得累极了，甚至不能够平稳地走路。

后来，但丁在谈判的时候经常神情恍惚，常常在重要的时刻产生莫名其妙的幻想。有好几次都是差点因为自己的幻想而导致对方的误会。

最后，使团的人为但丁请来了一位医生，医生的诊断让所有的人都大吃一惊，原来，但丁患上了疟疾！但丁听到这一消息之后并没有放在心上，他觉得自己能够克服，于是依然坚持着办公。

但是，但丁的病情实在是太重了，他逐渐地不能够正常地工作了，整日整夜地发着高烧。但丁开始说着胡话，并且不能够清醒地认识别人。于是，大家建议把但丁送回拉文纳。

首先是走水路。但丁在船上，依然是高烧不退。但丁觉得自己就像是飘在半空中，轻轻的摇晃像是催自己入眠。他依稀看到周围碧蓝的海水，像是回到了伊甸园，眼前出现了亚当和夏娃的影子，但丁嘴角露出了幸福的微笑。

从水路上来,就开始坐上马车在路上颠簸了。当经过一座教堂的时候,但丁听到耳朵里传来一阵神圣的声音,这声音很像是在催自己回家。但丁立即看到了佛罗伦萨的城门了,并且出现了圣约翰教堂,教堂里正在做礼拜,所有人都在虔诚地祈祷。但丁在嘴里含糊地说着:"佛罗伦萨,我的故乡,我终于回来啦!哦,上帝啊,我知道,你现在就在我的身边,你一直与我在一起!"

好不容易,但丁回到了自己的家中。当时但丁依然发着高烧,他什么都认不得了,也不能够看清楚眼前的东西,嘴里只能够胡乱地念叨。

盖玛看到但丁这副模样,立即大哭起来。她的哭声是那样的凄凉,好像但丁已经离开了人间,"我说过你别去,你的身体已经受不了这样的长途跋涉,而且你的身体还没有痊愈,怎么能够再次经受这样的折磨?"说着说着又哭起来了。

安托尼亚一边劝说着母亲,让母亲镇静一些,自己的父亲会好起来的,一边给父亲的额头上敷上湿毛巾。

很多的好友都来看望但丁了,不少的朋友看到但丁这副模样,都在心中默默地祈祷着,希望上帝能够怜悯但丁,能够让他快些好起来。有些人看到这种情况,抑制不住自己的情绪,就直接流下了眼泪。

几天之后,但丁已经奄奄一息了,盖玛心中知道但丁即将离自己而去了,但是始终不愿意接受这样的现实,一直守在但丁的床前,甚至不愿意吃喝。安托尼亚既要照顾父亲,又要安慰母亲,真是累得很。

但丁逐渐地又恢复了神采。这天,但丁精神变得非常好,能够从床上坐起来。盖玛乐坏了,对着但丁说道:"你现在感觉好一些了吗?我真的好担心你,我害怕你就这样走了……"盖玛说着,就扑倒在但丁的怀里。

但丁拍拍盖玛的头,就像是拍着小孩的脑袋,"你看看你,都一大把的年纪了，还这样撒娇。我没事了，我这不是精神很好了？我会好起来的，我还得写自己没有写好的诗歌呢！"但丁这么久以来第一次说话，而且说得很清楚，盖玛又是一阵兴奋。

这时，基独·诺武罗刚好来看望但丁，看到但丁，知道是回光返照，心中无限悲哀，但还是鼓足了勇气走上前去，对着但丁说道："我的好朋友，我对不起你，不该让你去威尼斯，害得你……"说着，也就不禁流下了眼泪。

但丁用手支撑着床想要站起来，但是没有力气，就坐着微笑着说道："你这是说的什么话？这些都是我应该做的嘛！等我好了，我还得再去一趟威尼斯，好好地发挥我的外交特长，还我们拉文纳一个和平安宁的环境。"

基独·诺武罗越听越觉得伤感，于是握住但丁的手，哽咽着说道："你注意休息，我不打扰你了，我先出去。"说着，就直接走出门去了。

但丁也的确觉得累了，于是打发盖玛和安托尼亚也出去，自己一个人在房间里休息一下。盖玛心中欢喜，觉得但丁真的逐渐恢复了，也很乐意让但丁好好休息，养足精神，才能够好得快一些。

盖玛从房间里出来，高兴地对着安托尼亚说道："你父亲有新的希望啦！你看看他，已经能够说话了，已经比前些日子好了很多，再过些天就能够像以前一样到处走了！他还得跟我一起去散步呢，他答应过我们一家人的，是不是？"盖玛说着就像是小孩子一般望着安托尼亚，希望得到肯定的回答。

安托尼亚看到母亲这个样子，真的很想哭出来，好不容易才忍住了眼泪，点了点头。

第二天一大早，安托尼亚和盖玛来到但丁的房间，但丁静静地躺在床上，一动不动。盖玛原本兴奋的脸立即换上了惊恐的神色，冲到但丁的跟前，伸手摸摸但丁的鼻子，待在那里。

随即是声振屋瓦的哭喊声。

这天是1321年9月14日

附录

但丁生平

但丁·阿蒂吉耶里（1265—1321年），是中世纪向文艺复兴过渡时期意大利最伟大的诗人，与莎士比亚、歌德并称为世界三大文学巨匠。恩格斯称："他是中世纪的最后一位诗人，同时又是新时代的最初一位诗人。"

但丁1265年诞生于佛罗伦萨。他在《神曲》中写道，他的祖先是罗马人的后裔，曾经相当显赫，赢得过巨大的荣誉。但不幸的是，但丁出生的时候，整个家族已经趋于没落，父亲只是一个唯利是图的高利贷者，在经济上只能够算中等家庭，而在政治上根本没有什么地位，实际上成为了一般的市民。

不幸从小就伴随着但丁。在五六岁的时候，但丁的母亲就去世了。继母待他很严苛，在家中就只有与姐姐还有一些沟通。后来，父亲又病逝了，但丁更是孤苦伶仃。在这样的磨难中，但丁把自己的大部分的精力都放在学习上。凭着自己聪颖的头脑和勤奋的努力，但丁学习了当时大部分的知识，从拉丁文、修辞学、逻辑学到诗学、哲学、天文学等等。

在众多的知识当中，但丁最后选择了诗学作为自己的主业，对于荷马以及维吉尔等人的作品百看不厌。但丁开始尝试着自己写作诗歌。

但丁一直觉得诗歌应该与现实紧密相连，而自己也应该投身于政治活动中。但丁认清了当时的社会形势，在经历了种种波折之后，最终登上了佛罗伦萨执政官的职位。但不幸的是，但丁并没有在这个位置待得太久，他很快就在政治斗争中败下阵来，最后被判处流放。

在流放期间，但丁一直都尝试着回到自己的故乡，但是都没有成功。在长达二十多年的时间里,但丁吃了很多的苦头,但是也正是这些经历成了他宝贵的人生财富,他依靠自己丰富的经历,创作了《新生》《论俗语》《王国论》以及《神曲》等。

在晚年时期,佛罗伦萨提出可以答应但丁回乡的请求,但是要求但丁做出忏悔,并且承认自己的罪过。但丁坚持自己根本没有任何的过错,拒绝了这一要求。佛罗伦萨恼羞成怒,判处但丁死刑。

但丁失去了最后回到佛罗伦萨的机会,只能够在拉文纳度过自己的晚年。在那里,拉文纳的领主帮助但丁家庭团聚。1321年,但丁在自己家人的陪伴下离世。

但丁年表

1265年下旬，但丁诞生于佛罗伦萨。

1270年，母亲去世。

1283年左右，父亲去世。但丁在大学者拉丁尼指导下，潜心研究学问，并且开始写诗。

1289年，作为白党成员，参加冈巴地战役，比萨战役。

1290年，但丁钟爱的比亚翠丝去世。

1292—1293年，《新生》问世。

1295年，积极投身于佛罗伦萨的政治活动。

1300年，当选为佛罗伦萨的执政官。

1302年，但丁出使罗马。贵族势力在教皇势力的支持之下，夺取了佛罗伦萨的政权。但丁被革除公职，并且被判流放。

1304—1305年，写作《论俗语》。

1304—1307年，写作《飨宴》。

1307年左右，开始创作《神曲》。

1310年，但丁发表致意大利和诸侯人民书。

1310—1312年，写作《王国论》。

1313年左右，《神曲·地狱》和《神曲·炼狱》完稿。

1315年，但丁拒绝悔罪以取得赦免，也失去了重新回到佛罗伦萨的机会。他被佛罗伦萨统治者判处死刑。

1320年左右，《神曲·天堂》完稿。

1321年9月14日，但丁病逝于拉文纳。